BULLETIN OFFICIEL
DU MINISTÈRE DE LA GUERRE.

ÉDITION MÉTHODIQUE.

EMPLOIS RÉSERVÉS

AUX

ANCIENS MILITAIRES INDIGÈNES

D'ALGÉRIE

Volume arrêté à la date du 14 août 1917.

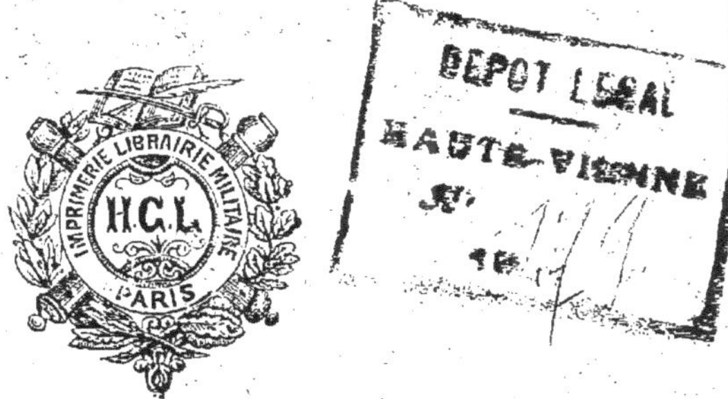

PARIS
HENRI CHARLES-LAVAUZELLE
Éditeur militaire
124, Boulevard Saint-Germain, 124

MÊME MAISON A LIMOGES

Nᵒ 36 ter.

BULLETIN OFFICIEL
DU MINISTÈRE DE LA GUERRE

ÉDITION MÉTHODIQUE.

EMPLOIS RÉSERVÉS

AUX

ANCIENS MILITAIRES INDIGÈNES

D'ALGÉRIE

Volume arrêté à la date du 14 Août 1917.

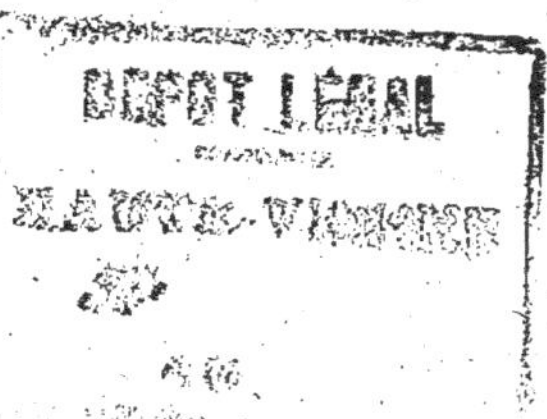

PARIS
HENRI CHARLES-LAVAUZELLE
Éditeur militaire
124, Boulevard Saint-Germain, 124
MÊME MAISON A LIMOGES

BULLETIN OFFICIEL
DU MINISTÈRE DE LA GUERRE.

ÉDITION MÉTHODIQUE.

EMPLOIS RÉSERVÉS

AUX ANCIENS MILITAIRES INDIGÈNES D'ALGÉRIE

I

Décret relatif à la cessation du régime spécial de l'indigénat pour les indigènes musulmans algériens, engagés, appelés ou remplaçants, qui ont accompli intégralement leur temps de service militaire ou qui ne l'auront interrompu que pour des circonstances indépendantes de leur volonté et ont obtenu, au moment de leur libération, le certificat de bonne conduite réglementaire.

Páris, le 19 septembre 1912.

Le Président de la République française,

Sur le rapport des Ministres de l'intérieur, de la guerre et du Garde des sceaux, Ministre de la justice;

Vu l'article 25 de la loi du 24 avril 1833 sur le régime législatif des colonies;

Vu l'article 41 de l'ordonnance royale du 22 juillet 1834 sur la haute administration des possessions françaises du nord de l'Afrique;

Vu l'article 27 du décret du 3 février 1912,

Décrète :

Art. 1er. Les indigènes musulmans algériens engagés, appelés ou remplaçants qui ont accompli intégralement leur temps de service militaire ou qui ne l'auront interrompu que pour des circonstances indépendantes de leur volonté, cesseront d'être soumis au régime spécial de l'indigénat et aux obligations particulières qu'il consacre, sous réserve qu'ils auront obtenu au moment de leur libération le certificat de bonne conduite réglementaire.

La mesure exceptionnelle de l'internement ne leur sera plus applicable que dans le cas de manœuvre contre la sûreté de l'Etat.

Art. 2. Ils seront jugés, en cas de crimes ou délits, dans les formes instituées par le Code d'instruction criminelle et déférés aux juridictions de droit commun organisées par ledit code.

Art. 3. Les immunités ainsi accordées cesseront en cas de condamnation ultérieure à une peine privative de liberté pour crime ou délit.

Art. 4. Ils pourront, sur leur demande, être admis à l'électorat municipal, à charge de présenter les conditions d'âge et de résidence requises par le décret du 7 avril 1884.

Art. 5. Les emplois rétribués sur les fonds des communes, des départements ou de l'Etat, figurant dans un tableau spécial établi par le Ministre de l'intérieur sur les propositions du gouverneur général, sont réservés pour les trois quarts, après justification de l'aptitude des candidats, aux indigènes ayant accompli au moins trois années de service militaire.

Un droit de priorité basé sur le grade, la durée des services, le nombre des campagnes, sera accordé aux anciens militaires, ainsi qu'à ceux qui se seraient distingués par une action d'éclat, quelle que soit la durée de leurs services.

Art. 6. Les Ministres de l'intérieur, de la guerre et le Garde des sceaux, Ministre de la justice, sont chargés, chacun en ce qui le concerne, de l'exécution du présent décret, qui sera publié au *Journal officiel* et inséré au *Bulletin officiel* du gouvernement général de l'Algérie.

II

*Décret relatif aux emplois réservés aux anciens militaires
indigènes de l'Algérie.*

Paris, le 11 janvier 1916.

Le Président de la République française,

Sur le rapport du Ministre de l'intérieur, du Ministre de la
guerre et du Garde des sceaux, Ministre de la justice;
Vu l'article 27 du décret du 3 février 1912;
Vu l'article 5 du décret du 19 septembre 1912,

Décrète :

Art. 1er. L'article 5 du décret du 19 septembre 1912 est modifié
ainsi qu'il suit :
« Les emplois rétribués sur les fonds des communes, des départements ou de l'Etat, figurant dans un tableau spécial établi
par le Ministre de l'intérieur, sur les propositions du gouverneur
général, sont réservés pour les cinq sixièmes, après justification
de l'aptitude des candidats, aux indigènes ayant accompli au
moins trois années de service militaire ou ayant contracté un
engagement pour la durée de la guerre dans un corps régulier
ou dans un corps auxiliaire.

Un droit de préférence, pendant un délai de cinq ans à dater
de la cessation des hostilités, est accordé aux indigènes des
armées de terre et de mer réformés n° 1 ou retraités par suite
de blessures ou d'infirmités résultant de blessures ou de maladies contractées au service devant l'ennemi.

A défaut de candidats des deux catégories susvisées, bénéficieront du même droit, quelle que soit la durée de leurs services,
les anciens militaires qui se seront distingués par une action
d'éclat.

Art. 2. Le Ministre de l'intérieur, le Ministre de la guerre et
le Garde des sceaux, Ministre de la justice, sont chargés, chacun
en ce qui le concerne, de l'exécution du présent décret, qui sera
publié au *Journal officiel* et inséré au *Bulletin des lois* du gouvernement général de l'Algérie.

III

Décret admettant les goumiers et les mokhasenis des territoires militaires de l'Algérie à concourir pour l'obtention des emplois réservés aux anciens militaires indigènes.

Paris, le 19 décembre 1916.

Le Président de la République française,

Sur le rapport des Ministres de l'intérieur et de la guerre;

Vu l'article 27 du décret du 3 février 1912;

Vu l'article 5 du décret du 19 septembre 1912;

Vu le décret du 11 janvier 1916,

Décrète :

Art. 1er. Les goumiers et les mokhasenis appartenant ou ayant appartenu aux formations indigènes régulièrement constituées dans les territoires militaires de l'Algérie peuvent être admis à concourir pour l'obtention des emplois réservés aux anciens militaires indigènes de l'Algérie, dans les conditions prévues par les décrets des 19 septembre 1912 et 11 janvier 1916, sous la réserve qu'ils rempliront au moins l'une des conditions suivantes :

Avoir pris part, dans ces formations, à des opérations de guerre pendant au moins un an;

Avoir été blessé en service commandé;

Avoir reçu la médaille militaire pour faits de guerre ou services de guerre;

Avoir été l'objet d'une citation à l'ordre du jour de l'armée.

Art. 2. Les Ministres de l'intérieur et de la guerre sont chargés, chacun en ce qui le concerne, de l'exécution du présent décret, qui sera publié au *Journal officiel* et inséré au *Bulletin officiel* du gouvernement général de l'Algérie.

IV

Instruction pour l'attribution des emplois réservés aux anciens militaires indigènes d'Algérie (application du décret du 19 septembre 1912, modifié par les décrets des 11 janvier 1916 et 19 décembre 1916).

Paris, le 30 mars 1917.

La présente instruction a pour but d'assurer dans ses détails l'application de l'article 5 du décret du 19 septembre 1912, relatif à l'attribution d'emplois réservés aux anciens militaires indigènes de l'Algérie, modifié par l'article 1er du décret du 11 janvier 1916.

Aux termes de cet article, « les emplois rétribués sur les fonds des communes, des départements et de l'Etat, figurant dans un tableau spécial établi par le Ministre de l'intérieur sur les propositions du gouverneur général, sont réservés, pour les cinq sixièmes, après justification de l'aptitude des candidats, aux indigènes ayant accompli au moins trois années de service militaire ou ayant contracté un engagement pour la durée de la guerre dans un corps régulier ou dans un corps auxiliaire.

« Un droit de préférence, pendant un délai de cinq ans à dater de la cessation des hostilités, est accordé aux indigènes des armées de terre et de mer réformés n° 1 ou retraités par suite de blessures ou d'infirmités résultant de blessures ou de maladies contractées au service devant l'ennemi. A défaut de candidats des deux catégories susvisées, bénéficieront du même droit, quelle que soit la durée de leurs services, les anciens militaires qui se sont distingués par une action d'éclat.

« Les goumiers et les mokhasenis, appartenant ou ayant appartenu aux formations indigènes régulièrement constituées dans les territoires militaires de l'Algérie, peuvent être admis à concourir pour l'obtention des emplois réservés aux anciens militaires indigènes de l'Algérie, dans les conditions prévues par les décrets des 19 septembre 1912 et 11 janvier 1916, sous la réserve qu'ils rempliront au moins l'une des conditions suivantes :

« Avoir pris part, dans ces formations, à des opérations de guerre pendant au moins un an;

« Avoir été blessé en service commandé;

« Avoir reçu la médaille militaire pour faits de guerre ou services de guerre;

« Avoir été l'objet d'une citation à l'ordre du jour de l'armée. » (Art. 1er du décret du 19 décembre 1916.)

TITRE Ier.

ART. 1er. — Division des emplois en catégories.

Les emplois réservés aux anciens militaires indigènes d'Algérie sont répartis en trois catégories, d'après le degré d'instruction qu'ils exigent des candidats conformément aux indications des tableaux annexés à la présente instruction.

La 1re catégorie comprend les emplois exigeant certaines connaissances élémentaires (parler, lire, écrire couramment le français, notions de calcul; savoir parler l'arabe).

La 2e catégorie comprend les emplois exigeant la connaissance des langues française et arabe (français, savoir parler, lire et écrire le français, savoir parler l'arabe).

La 3e catégorie comprend les emplois n'exigeant que des connaissances sommaires et une aptitude physique compatible avec l'emploi.

ART. 2. — Conditions à remplir pour pouvoir solliciter les emplois.

Les militaires indigènes de l'Algérie peuvent solliciter l'un ou plusieurs des emplois désignés au tableau annexé à la présente instruction. Ils doivent à cet effet réunir les conditions ci-après indiquées :

1° Compter au moins 3 années de service militaire ou avoir contracté un engagement pour la durée de la guerre, dans un corps régulier ou dans un corps auxiliaire;

2° Avoir obtenu en raison de leur manière de servir l'avis favorable du conseil de régiment (1). Les candidats qui réunissent

---

(1) Toutes les demandes d'emplois formées au titre de l'article 5 du décret du 19 septembre 1912, modifié par l'article 1er du décret du 11 janvier 1916, par les militaires en activité de service ou libérés, doivent être soumises à l'examen du conseil de régiment, lequel est tenu d'émettre un avis sur ces demandes.

Conformément à l'arrêté du 2 mars 1909 (B. O., année 1909, 1er volume, n° 9, pages 254 et 255), la délibération du conseil de régiment comportant « avis défavorable », est toujours communiquée au commandant du corps d'armée. Si celui-ci estime que cette délibération est irrégulière, il la transmet au Ministre de la guerre, qui l'annule s'il y a lieu.

les conditions indiquées au paragraphe 2 ci-après ne sont pas astreints à la production de cette pièce;

3° Etre titulaire du certificat d'aptitude professionnelle exigé pour l'emploi sollicité;

4° Ne pas avoir plus de quarante ans, à moins que cet âge n'ait été atteint au cours de la présence sous les drapeaux (1);

5° Une moralité irréprochable et une bonne tenue sont exigées de tous les candidats.

Remarques. — I. Les militaires indigènes d'Algérie réformés ou retraités par suite de blessures ou infirmités contractées au service peuvent profiter des dispositions du premier paragraphe de l'article 5 du décret du 19 septembre 1912, modifié par l'article 1er du décret du 11 janvier 1916, quel que soit le temps passé par eux au service, s'ils remplissent les conditions d'âge et d'aptitude fixées par la présente instruction.

Ils peuvent également solliciter une concession de terres dans les conditions prévues par le décret du 13 septembre 1904.

II. Un droit de préférence, pendant un délai de cinq ans à dater de la cessation des hostilités, est accordé aux indigènes des armées de terre et de mer, réformés n° 1 ou retraités par suite d'infirmités résultant de blessures ou de maladies contractées au service devant l'ennemi au cours de la guerre actuelle, s'ils remplissent d'ailleurs les conditions d'aptitude fixées pour l'emploi qu'ils sollicitent. Les militaires ci-dessus désignés pourront être admis au bénéfice des emplois réservés alors même qu'ils auraient, le 1er août 1914, date du décret de mobilisation des armées de terre et de mer, dépassé la limite d'âge telle qu'elle est fixée au paragraphe 4 ci-dessus.

A défaut de candidats des deux catégories susvisées, et sous la réserve relative aux conditions d'aptitude qui vient d'être stipulée, bénéficieront du même droit, quelle que soit la durée de leurs services, les anciens militaires qui se seront distingués par une action d'éclat.

Par action d'éclat, il faut entendre les actes personnels de bravoure ou de dévouement ou l'accomplissement de missions particulières périlleuses ayant donné lieu soit à une inscription d'office au tableau de concours pour la médaille militaire ou la Légion d'honneur, soit à l'attribution de la croix de guerre, soit à une citation avec inscription aux pièces matricules.

---

(1) Aucune condition d'âge ne sera exigée pour les indigènes qui se sont engagés pour la durée de la guerre.

III. Les militaires indigènes remplissant les conditions pour obtenir les emplois civils et qui ont quitté le service sans les avoir sollicités peuvent néanmoins, dans les trois années qui suivent leur libération, adresser une demande d'emploi par l'intermédiaire de la gendarmerie. Le général commandant la subdivision de leur domicile établit alors leur dossier et les convoque, s'il y a lieu, pour subir les examens professionnels.

IV. Les anciens militaires indigènes d'Algérie qui se sont démis volontairement d'un des emplois prévus au tableau annexé à la présente instruction ne peuvent plus concourir, au titre du décret du 19 septembre 1912, modifié par le décret du 11 janvier 1916, pour un emploi civil.

ART. 3. — Semestre de candidature.

Les militaires indigènes d'Algérie en activité de service peuvent poser leur candidature à un emploi civil dans leurs six derniers mois de services.

Les candidats libérés peuvent poser leur candidature dans les conditions indiquées à l'article 2, remarque III de la présente instruction.

TITRE II.

ART. 4. — Etablissement et envoi des dossiers. — Dispositions communes aux emplois des trois catégories.

a) Candidats en activité de service.

Les militaires en activité de service adressent leur demande à leur chef de corps ou de service.

Chemise rouge. — Les chefs de corps ou de service établissent pour chaque candidat une chemise sur papier rouge (modèle, n° 4), destinée à contenir le ou les dossiers du candidat. Elle mentionne tous les emplois demandés, rangés suivant l'ordre de préférence indiqué par l'intéressé.

Les chemises rouges sont adressées par le chef de corps ou de service au général commandant le 19e corps (1).

Lorsque le candidat sollicite exclusivement des emplois de la 1re et de la 2e catégorie, la chemise rouge n'est accompagnée d'aucun dossier ni d'aucune pièce.

Au contraire, lorsque le candidat sollicite exclusivement des emplois de la 3e catégorie, cette chemise contient la ou les chemises bleues dont il sera parlé plus loin ainsi que le ou les dossiers du candidat.

Le général commandant le 19e corps d'armée fait classer les chemises rouges par ordre alphabétique. Il insère dans lesdites chemises, au fur et à mesure qu'elles lui parviennent des commissions régionales et de garnisons, les chemises bleues contenant les dossiers des candidats. Il fait dresser un bordereau nominatif des chemises rouges ainsi complétées (1re, 2e et 3e catégories) et les adresse, avec ledit bordereau, au ministère de la guerre. (Secrétariat de la commission des emplois réservés.)

Dossier du candidat : chemise bleue. — Les chefs de corps et de service constituent les dossiers suffisamment à temps pour que ces dossiers parviennent aux commissions régionales et de garnisons et au général commandant le 19e corps d'armée aux dates indiquées aux articles 8, 9 et 10 ci-après.

---

(1) Est actuellement général commandant en chef les forces de terre et de mer de l'Afrique du Nord. Cette observation ne sera plus répétée au cours de la présente instruction, et tout ce qui concerne le général commandant le 19e corps s'appliquera également au général commandant en chef les forces de terre et de mer de l'Afrique du Nord.

Ces dossiers comprennent :

1° Une chemise bleue (modèle n° 3); cette chemise contient toujours les pièces du dossier;

2° La demande du candidat (si le candidat postule plusieurs emplois, sa demande indique un ordre de préférence); elle mentionne la région, la tribu ou l'arrondissement dans lequel l'intéressé désire être classé;

3° Le certificat de visite médicale;

4° L'avis favorable du conseil de régiment, sauf pour les candidats visés au paragraphe II° de la rubrique « Remarques »;

5° L'appréciation du chef de corps ou de service pour la moralité, la tenue, la conduite et les aptitudes spéciales du candidat, sauf pour les candidats visés au paragraphe II° de la rubrique « Remarques »;

6° L'état signalétique et des services;

7° Le relevé des punitions;

8° L'indication des blessures, actions d'éclat, diplômes, brevets, certificats, ainsi que la mention des langues étrangères (arabe écrit) connues du candidat;

9° L'extrait du casier judiciaire;

10° Et, le cas échéant, une déclaration du candidat, faisant connaître le nombre et l'âge de ses enfants, légitimes ou reconnus, en indiquant, parmi ces enfants, ceux qui sont effectivement à sa charge. L'exactitude de cette déclaration doit être certifiée, après enquête, par les autorités locales;

11° Une copie certifiée du congé de réforme ou du titre de pension.

Cette chemise bleue est remplie par les soins du chef de corps ou de service.

Il doit être fait au nom du même candidat autant de chemises bleues qu'il sollicite d'emplois.

Quant aux pièces indiquées ci-dessus, elles ne sont établies qu'en une seule expédition pour chaque catégorie d'emploi sollicité. Lorsque le candidat demande plusieurs emplois, les pièces sont placées, pour chaque catégorie, dans la chemise bleue établie pour le premier emploi sollicité, dans l'ordre de préférence du candidat.

Il est donc fourni autant de séries de pièces qu'il y a de catégories d'emplois sollicités et il n'est établi qu'une série de pièces par catégorie.

L'extrait du casier judiciaire n'est, dans tous les cas, fourni en original qu'une fois.

Si pour un même candidat il est fourni plusieurs séries de pièces, la série correspondant à l'emploi préféré contient cet original; les autres séries n'ont que des copies certifiées conformes par l'autorité militaire qui établit le dossier.

Les indications portées sur la chemise bleue de chacun des dossiers et sur la chemise rouge doivent être absolument exactes et certifiées telles par le chef de corps ou de service.

Les présentes dispositions s'appliquent aux militaires en congé attendant leur libération.

b) Candidats libérés du service.

Le candidat libéré du service adresse sa demande d'emploi, par l'intermédiaire de la gendarmerie de sa résidence, au général commandant la subdivision de région de cette résidence.

En transmettant cette demande, la gendarmerie note le candidat sur son aptitude physique, sa tenue, sa moralité et sa conduite depuis sa sortie du service : si l'intéressé a exercé une ou plusieurs professions, il en est fait mention.

Le général commandant la subdivision de région fait établir par le dernier corps dans lequel a servi l'intéressé les pièces prévues aux n°³ 4°, 6°, 7°, 8° du présent article.

Il agit à l'égard de l'intéressé en ce qui regarde la constitution et la transmission du dossier comme le font, conformément aux dispositions du paragraphe *a)* du présent article, les chefs de corps ou de service vis-à-vis des militaires encore en activité.

c) Recommandations spéciales au sujet de l'établissement de certaines pièces devant figurer dans les dossiers des candidats.

Certificat de visite médicale. — Ce certificat est délivré par un médecin militaire désigné, suivant les cas, par les chefs de corps ou de service ou par le général commandant la subdivision de région. Il doit mentionner, avec la plus scrupuleuse exactitude, l'état de santé du candidat, être établi de telle sorte qu'il ne puisse y avoir aucun doute sur l'aptitude physique du candidat à occuper un emploi du service actif ou un poste du service sédentaire; il devra indiquer la taille du candidat. En ce qui concerne les militaires visés au paragraphe II° « Remarques », le certificat médical devra donner la description détaillée de la blessure ou de l'infirmité; il devra, en outre, mentionner la notation qui correspond aux infirmités dont le candidat est atteint.

Une copie du certificat d'examen et de vérification sera jointe au dossier des militaires retraités ou réformés par suite de blessures ou d'infirmités contractées au service.

Le certificat médical n'est valable que pendant une année.

Etat signalétique et des services. — Il importe essentiellement que l'état des services soit complet, c'est-à-dire qu'en particulier il mentionne très exactement les diverses dates d'incorporation, l'époque et la durée des rengagements, des interruptions de service, les dates de libérations successives, celle de la libération définitive ou, s'il y a lieu, de l'envoi en congé et du passage dans la réserve.

Il doit, en outre, indiquer très nettement, le cas échéant, les campagnes. En un mot, cette pièce doit permettre aux commissions chargées de délivrer le certificat d'aptitude professionnelle de se rendre compte des diverses positions militaires occupées par le candidat depuis le jour de son incorporation jusqu'à celui où il est proposé pour un emploi civil. L'état des services des réformés n° 1 ou retraités pour blessures de guerre doit contenir l'indication aussi précise que possible des circonstances dans lesquelles le candidat a été atteint de la blessure ou de la maladie qui a entraîné son infirmité.

Relevé des punitions. — Le relevé des punitions doit indiquer en détail, avec leur motif, toutes les peines disciplinaires encourues par le candidat depuis sa première incorporation jusqu'au jour de sa mise en instance d'emploi.

Quand le relevé de toutes les punitions ne pourra pas être établi, un rapport devra être fourni pour en expliquer la cause.

Les motifs des punitions de prison, des réprimandes du colonel, des rétrogradations ou cassations devront être très explicitement indiquées.

Extrait du casier judiciaire n° 2. — Les chefs de corps ou de service, pour les militaires en activité, ou le général commandant la subdivision de région, pour les candidats libérés, adresseront directement une demande d'extrait de casier judiciaire n° 2 (1) : au procureur de la République de l'arrondissement dont dépend le lieu de naissance de l'intéressé pour lequel un bulletin n° 2 est demandé.

En cas d'urgence, la demande peut être faite par télégramme.

Les frais (0 fr. 25 par bulletin) sont supportés par les crédits du service de la justice militaire.

Dans tous les cas, les extraits de casier judiciaire doivent être

---

(1) Pour le mode de délivrance et le payement des extraits du casier judiciaire, se reporter à l'arrêté du 6 décembre 1910 (É. M., vol. 59-2 supplémentaire).

demandés suffisamment à temps pour qu'ils accompagnent toujours les dossiers.

Indications des diplômes, brevets, certificats, titres et services spéciaux étrangers à l'armée, ainsi que la mention des langues étrangères connues par le candidat. — Une note mentionnant ces renseignements est établie sur un papier format tellière et certifiée conforme par le chef de corps ou de service, ou par le général commandant la subdivision de région, pour les militaires libérés. Il devra être spécifié si le candidat écrit couramment, ou non, l'arabe.

Art. 5. — Ordre de mérite.

Le décompte global des éléments numériques de l'ordre de mérite d'un candidat comprend le total des points obtenus au titre de l'ancienneté de service, et des majorations militaires, augmenté, s'il y a lieu, du nombre de points obtenus à l'examen d'aptitude professionnelle.

Nombre de points à attribuer à chaque candidat. — 1° Pour ancienneté de service : un point par mois (tout mois commencé est compté comme fait);

2° Majorations militaires : *a)* Service comme soldat de 1ʳᵉ classe : 1 point par trois mois (les nombres fractionnaires sont retenus pour éviter les *ex-æquo*);

b) Service comme caporal : 1 point par deux mois (les nombres fractionnaires sont retenus comme ci-dessus);

c) Service comme sous-officier : 1 point par mois (les nombres fractionnaires sont retenus comme ci-dessus);

d) Campagnes : 1 point par mois pour campagnes effectuées en régions sahariennes ou en dehors de l'Algérie-Tunisie (tout mois commencé est compté comme fait);

e) Blessures de guerre (plusieurs reçues dans la même affaire ne comptent que pour une seule).

Par blessure : 12, 6 ou 3 points suivant qu'elle aura entraîné la mise à la retraite, l'attribution d'une gratification de réforme ou n'aura déterminé aucune de ces deux mesures;

f) Légion d'honneur : 40 points;

g) Médaille militaire : 20 points;

h) Croix de guerre : 15, 10, 8 ou 6 points suivant la nature de la citation (armée, corps d'armée, division, brigade ou régiment).

Indépendamment des éléments numériques d'appréciation qui

précèdent, il sera attribué, dans les conditions exposées à l'article 9 de la présente instruction et pendant un délai de cinq ans à dater de la cessation des hostilités, un droit de préférence à ceux des candidats appartenant aux catégories visées dans le deuxième alinéa de l'article 1er du décret du 11 janvier 1916 (réformés n° 1 ou retraités pour infirmités résultant de blessures ou de maladies contractées au service devant l'ennemi, anciens militaires qui se sont distingués par une action d'éclat).

3° Aptitude professionnelle : elle est exprimée par le nombre total de points obtenus aux examens par le candidat (emploi des 1re et 2e catégories seulement).

Pour éviter les *ex-æquo*, la note donnee pour chaque épreuve poura être décimale. Par suite, le nombre total des points obtenus pourra être décimal, mais jusqu'aux centièmes seulement.

Les commissions régionales et de garnison devront inscrire, sur le certificat d'aptitude professionnelle qu'elles délivreront, la note attribuée à chacune des matières de l'examen (écrit ou oral), la moyenne des notes obtenues, le maximum des points prévus pour cet examen (écrit ou oral) et le nombre total des points obtenus par le candidat.

La note d'aptitude professionnelle à retenir pour le décompte des éléments numériques de l'ordre de mérite du candidat se traduira finalement par un nombre compris entre 12 et 20, déterminé proportionnellement au total des points obtenus à l'examen par l'intéressé; la note 12 étant attribuée au candidat pour lequel le total susvisé est égal au minimum de points exigé pour l'obtention du certificat d'aptitude, et la note 20 au candidat pour lequel le même total atteint le maximum du nombre de points pouvant être obtenus.

Ainsi, un candidat ayant obtenu un total de 240 points à son examen d'aptitude professionnelle, alors que le maximum des points pouvant être obtenus est de 300, aura 16 comme note d'aptitude professionnelle; 12 serait la note du candidat qui aurait obtenu le minimum de points (60 p. 100 du maximum) à son examen, soit 150; et 20 la note du candidat qui aurait obtenu 300 points.

TITRE III.

DU CLASSEMENT DES CANDIDATS.

ART. 6. — Composition des commissions chargées de délivrer les certificats d'aptitude professionnelle des emplois de 1re et de 2e catégories. — Nominations de leurs membres.

Commissions régionales (emplois de 1re catégorie).

Il est institué au chef-lieu des divisions d'Alger, d'Oran et de Constantine une commission dite « commission régionale pour les emplois de première catégorie réservés aux militaires indigènes de l'Algérie ».

Cette commission se compose de 5 membres :

1 officier supérieur, président;

2 officiers subalternes (capitaines ou lieutenants), membres;

2 membres civils, dont un indigène naturalisé Français.

La commission, réduite à 4 ou 3 membres, peut néanmoins délibérer si le président et un membre civil sont présents. Dans ce cas, s'il y a partage de voix, celle du président est prépondérante;

Les membres militaires des commissions régionales sont nommés par le général commandant le 19e corps d'armée, sur la proposition des généraux commandant les divisions; les membres civils sont nommés par le gouverneur général de l'Algérie sur la proposition des préfets.

Les commissions régionales font passer les examens de première catégorie; elles corrigent les compositions des candidats et délivrent, le cas échéant, le certificat d'aptitude professionnelle exigé pour l'emploi sollicité (modèle n° 1).

Pour obtenir ce certificat, le candidat doit réunir 60 p. 100 du maximum des points prévus pour chacun des emplois de première catégorie au tableau annexé à la présente instruction.

Commissions de garnisons (emplois de 2e catégorie).

Il est institué dans chacune des villes désignées par le Ministre de la guerre (tableau annexe n° 1) une commission dite « commission de garnison » pour les emplois de deuxième catégorie réservés aux militaires indigènes de l'Algérie.

Cette commission se compose de trois membres : deux offi-

ciers (lieutenant ou sous-lieutenant, le plus élevé en grade, ou à égalité de grade, le plus ancien, président), un membre civil français ou indigène naturalisé Français.

La commission réduite au président et au membre civil peut néanmoins délibérer; dans ce cas, s'il y a partage de voix, celle du président est prépondérante.

Les membres militaires des commissions de garnison sont nommés par le général commandant la division, sur la proposition des généraux commandant les subdivisions.

Le membre civil est nommé par le préfet, sur la proposition des sous-préfets.

Les commissions de garnison font passer les examens de deuxième catégorie; elles corrigent les compositions des candidats et délivrent, le cas échéant, le certificat d'aptitude professionnelle exigé pour l'emploi sollicité (modèle n° 1).

Pour obtenir ce certificat, le candidat doit réunir 60 p. 100 du maximum des points prévus pour chacun des emplois de 2ᵉ catégorie au tableau annexé à la présente instruction.

Dispositions communes aux commissions régionales et de garnison.

Les membres des commissions régionales ou de garnison sont nommés, sauf le cas de mutation, pour une durée d'un an, du 1ᵉʳ janvier au 31 décembre.

Le département de la guerre n'attribuera aux membres civils ni indemnité de déplacement, ni honoraires quelconques pour le concours qu'ils auront donné à ce service intéressant autant l'administration civile que l'armée.

Il est indispensable que, en dehors de circonstances imprévues et indépendantes de la volonté, tous les membres assistent aux réunions des commissions.

Les commandants d'armes pourvoient à l'installation matérielle des commissions et des candidats dans des locaux dépendant du Département de la guerre. Ils donnent aux présidents des commissions avis des dispositions prises. Les présidents font connaître aux membres des commissions le lieu et l'heure de leur réunion.

ART. 7. — Fonctionnement des commissions.

a) Transmission des dossiers aux commissions régionales ; dates des examens de la 1ʳᵉ catégorie.

Les chefs de corps ou de service et les généraux commandant les subdivisions de région, suivant le cas, constituent les dossiers des candidats aux emplois de première catégorie, comme il est dit à l'article 4 de l'instruction, suffisamment à temps pour que ces dossiers, vérifiés par les généraux de division, parviennent aux présidents des commissions régionales cinq jours avant la date fixée pour les examens.

La transmission de ces dossiers est faite aux généraux commandant les divisions d'Alger, d'Oran et de Constantine par la voie hiérarchique; les généraux de division les adressent directement aux présidents des commissions régionales.

Les examens exigés pour chacun des emplois de première catégorie auront lieu au cours du semestre de candidature : dans le courant de juin et dans le courant de décembre.

Sont seuls admis à subir les examens les candidats qui ont obtenu l'avis favorable du conseil de régiment (les candidats qui réunissent la condition du paragraphe II de la rubrique « Remarques » ne sont pas astreints à la production de cette pièce).

Les dates des examens sont notifiées par le Ministre de la guerre, pour chacun des emplois, à M. le gouverneur général de l'Algérie et au général commandant le 19e corps d'armée, qui en avisent respectivement les préfets et les généraux de division.

Ceux-ci transmettront les renseignements aux autorités civiles et militaires intéressées.

Ces dates sont portées à la connaissance des candidats par les autorités militaires chargées d'établir les dossiers de candidature.

Ces autorités prennent, d'autre part, toutes dispositions nécessaires pour que les candidats en activité de service ou libérés soient convoqués en temps utile pour subir les examens devant la commission régionale.

b) Transmission des dossiers aux commissions de garnisons. —
Dates des examens de 2· catégorie.

Le tableau des villes de garnison désignées par le Ministre de la guerre comme centres d'examen pour les emplois de deuxième catégorie constitue l'annexe n° 1 de la présente instruction.

Les généraux commandant les divisions d'Alger, d'Oran et de Constantine déterminent la circonscription de chacun de ces centres d'examen et la notifient aux autorités militaires placées sous leur commandement.

Les épreuves ont lieu à la date fixée par le Ministre de la guerre, dans le courant de juin et dans le courant de décembre.

Elle est portée à la connaissance des autorités civiles et militaires dans les conditions fixées au paragraphe précédent pour les commissions régionales.

Les chefs de corps ou de service et les généraux commandant les subdivisions de région, suivant le cas, constituent les dossiers des candidats, comme il est dit à l'article 4 de la présente instruction, suffisamment à temps pour que ces dossiers, vérifiés par les généraux de division, parviennent aux présidents des commissions de garnison cinq jours avant la date fixée pour les épreuves par le Ministre de la guerre.

La transmission de ces dossiers est faite aux généraux commandant les divisions par la voie hiérarchique; les généraux commandant les divisions les transmettent directement aux présidents des commissions de garnisons.

La date de l'examen est notifiée aux candidats par les autorités militaires chargées d'établir les dossiers de candidature.

c) Dispositions communes aux examens de 1re et 2e catégories.

La nature des épreuves des examens de 1re et 2e catégories, les matières sur lesquelles portent les examens pour chacun des emplois, les conditions spéciales dans lesquelles ils sont subis, enfin le coefficient attribué à chacune des compositions, sont fixés par le tableau annexé à la présente instruction et par les arrêtés interministériels prévus par ladite instruction.

Les sujets de composition, choisis par les services intéressés, sont adressés sous enveloppe cachetée par le gouverneur général de l'Algérie, dix jours avant la date fixée pour les examens, aux présidents des commissions régionales ou de garnison.

Les plis cachetés contenant ces sujets de composition sont ouverts le jour de l'examen, en présence des candidats, par le président de la commission.

Toute communication ou toute autre manœuvre frauduleuse entre les candidats entraîne leur exclusion de l'examen. Aussitôt après la clôture des examens, les présidents des commissions complètent les dossiers, suivant les cas, par le certificat d'aptitude professionnelle ou par un « avis de non obtention » de ce certificat. Dans le premier cas, les dossiers sont renvoyés immédiatement aux généraux commandant les divisions d'Alger, Oran, Constantine, qui les adressent, après vérification, au général commandant le 19e corps. Cet officier général leur donne la destination prévue à l'article 4 de la présente instruction.

Les présidents des commissions avisent en outre les autorités (chefs de corps ou de service, généraux commandant les subdivisions de région) qui ont établi les dossiers des concessions de certificat d'aptitude professionnelle. Ces autorités préviennent par écrit les intéressés (modèle n° 7).

En cas de non obtention du certificat d'aptitude professionnelle, le dossier de candidature est renvoyé par le président de la commission régionale à l'autorité militaire qui l'a établi.

Cette autorité prévient par écrit les intéressés (modèle n° 7).

ART. 8. — Emplois de la 3ᵉ catégorie. — Délivrance du certificat d'aptitude professionnelle.

Les candidats aux emplois de la 3ᵉ catégorie ne subissent aucun examen.

Le certificat d'aptitude professionnelle est délivré à ces candidats par l'autorité militaire (1) qui a établi leurs dossiers de proposition. Cette autorité doit s'assurer si le candidat possède les qualités requises pour occuper l'emploi demandé.

Il ne peut pas être délivré de certificat d'aptitude professionnelle au militaire qui n'a pas obtenu l'avis favorable du conseil de régiment (sauf pour les candidats mentionnés au paragraphe II de la rubrique « Remarques »).

Les chefs de corps (1) ou de service et les généraux commandant les subdivisions de région, suivant le cas, constituent les dossiers comme il est dit à l'article 4, et suffisamment à temps pour que ces dossiers, vérifiés par les généraux commandant les divisions parviennent au général commandant le 19ᵉ corps d'armée le 1ᵉʳ mai et le 1ᵉʳ novembre.

Les avis d'obtention et de non obtention des certificats d'aptitude professionnelle sont délivrés aux intéressés par les autorités qui ont établi les dossiers (1).

ART. 9. — Commission de classement des candidats.

La commission instituée par arrêté de M. le Ministre de l'intérieur, en date du 4 novembre 1913, est dite « commission de classement des emplois réservés aux militaires indigènes d'Algérie ».

Pour le classement des candidats, cette commission tient des

---

(1) Le commandant de territoire pour les auxiliaires des territoires militaires.

sessions semestrielles qui ont lieu en avril et en octobre de chaque année.

Dans chacun des emplois compris au tableau annexé à la présente instruction, elle classe les candidats comme il suit :

a) Au cours de la guerre actuelle et pendant un délai de cinq ans, à dater de la cessation des hostilités, les candidats sont répartis en trois séries, savoir :

1° Réformés n° 1 ou retraités pour infirmités résultant de blessures ou de maladies contractées au service devant l'ennemi;

2° Anciens militaires s'étant distingués par une action d'éclat;

3° Anciens militaires autres que ceux visés ci-dessus (§§ 1° et 2°).

Dans la première série, le droit de préférence appartient tout d'abord aux pères de famille ayant à leur charge le plus grand nombre d'enfants; à égalité du nombre d'enfants, la préférence est donnée au postulant dont l'infirmité est la plus grave; puis il est tenu compte, le cas échéant, des décorations obtenues :

Légion d'honneur;

Médaille militaire;

Croix de guerre.

Dans chacune de ces subdivisions, les candidats sont classés d'après le nombre et la nature de leurs décorations ou citations à l'ordre avec l'attribution de la croix de guerre. Ainsi, dans la 1re subdivision, un officier de la Légion d'honneur sera classé avant un chevalier, et ce dernier après un autre chevalier qui serait en même temps médaillé militaire. Dans la 2e subdivision, un médaillé ayant la croix de guerre avec deux palmes prendra rang avant un autre ayant la croix de guerre avec une palme et une étoile d'or.

L'ordre de mérite défini à l'article 5 de la présente instruction n'interviendra que pour différencier les candidats ayant même nombre d'enfants ou, le cas échéant, même gravité de blessure, ainsi que même nombre et même nature de décorations ou citations avec attribution de la croix de guerre.

Dans la 2e série, les candidats seront classés entre eux, suivant les mêmes règles que les candidats de la 1re série ayant le même nombre d'enfants.

Dans la 3e série, les candidats seront classés en suivant l'ordre de mérite tel qu'il est défini à l'article 5.

b) Passé le délai de cinq ans à dater de la cessation des hostilités, les candidats sont classés uniquement en suivant l'ordre de mérite tel qu'il est défini à l'article 5.

La liste de classement est publiée au *Journal officiel* de la République française, au *Mobacher* et au *Bulletin officiel* des actes du gouvernement général de l'Algérie.

ART. 10. — Notification du classement.

1° La notification du classement établi et de l'attribution des emplois est portée à la connaissance des corps de troupe par la voie du *Journal officiel* de la République française, du *Bulletin officiel* des actes du gouvernement général de l'Algérie et du *Mobacher;*

2° L'ordre de classement est transmis par la commission au gouverneur général de l'Algérie au moyen du *Journal officiel* dont il lui sera adressé un exemplaire.

TITRE IV.

DISPOSITIONS DIVERSES.

___

ART. 11. — Vacances d'emplois.

Le Gouverneur général de l'Algérie adresse dans le courant du mois de décembre de chaque année, à la commission de classement, un état de prévision établi par arrondissement et par territoire militaire, du nombre des emplois de chaque espèce dont la vacance est à prévoir dans le cours de l'année suivante.

Cet état est notifié à tous les chefs de corps de troupes indigènes et aux commandants des territoires militaires qui le portent à la connaissance des intéressés.

ART. 12. — Nominations.

Les nominations sont faites au fur et à mesure des vacances en suivant l'ordre de l'inscription sur la liste de classement et en indiquant le tour auquel la nomination est imputée (1).

Tout militaire nommé à un emploi est rayé définitivement des

___

(1) Pour ceux des emplois pour lesquels l'intéressé doit appartenir à l'arrondissement ou au territoire où se produit la vacance, le candidat ne prendra son tour que lorsque la vacance se produira dans l'arrondissement ou le territoire.

listes de classement, du jour de sa nomination à cet emploi, qu'il l'accepte ou qu'il le refuse.

Les avis de nomination sont adressés à la commission de classement qui les fait parvenir aux intéressés par l'intermédiaire de l'autorité militaire (chefs de corps ou de service pour les militaires présents sous les drapeaux — brigade de gendarmerie pour les militaires libérés).

Cette mesure a pour but de permettre à la commission de tenir à jour les listes de classement.

La commission fait insérer les nominations au *Journal officiel* de la République française, et M. le Gouverneur général de l'Algérie au *Bulletin officiel* des actes du gouvernement général de l'Algérie et au *Mobacher*.

Les militaires nommés à un emploi font connaître par écrit, à la commission de classement, dans le délai de trente jours (soixante pour les territoires des oasis), à compter de la date de la remise de la lettre de nomination, s'ils acceptent ou s'ils refusent les emplois auxquels ils sont appelés. Passé ce délai, ils sont considérés comme non acceptant.

Les militaires en activité de service ne peuvent être nommés qu'à la date de l'expiration de leur engagement ou rengagement ou après l'achèvement intégral de la 3e année de service (appelés (1).

Dans le cas où leur tour de nomination arriverait avant cette date, leur droit à leur nomination serait réservé.

ART. 13. — Changement de grade, de position, ou d'adresse des militaires classés ou proposés pour un emploi.

Toute mutation se produisant dans le grade ou la position d'un militaire en activité de service, proposé ou classé pour un emploi, doit être notifiée immédiatement et directement à la commission de classement par les chefs de corps ou de service.

Tout candidat qui, après son inscription sur la liste de classement pour un emploi, contracte un engagement, est rayé de ladite liste.

Ce candidat peut, d'ailleurs, s'il se trouve ultérieurement dans les conditions fixées par l'article 2 de l'instruction, se mettre en instance d'emploi.

---

(1) Exception est faite pour les militaires réformés pour blessures ou infirmités contractées au service (article 2. — Remarque I).

Les militaires libérés doivent informer directement la commission de classement (ministère de la guerre; Direction du contentieux, Secrétariat de la commission de classement des emplois réservés aux militaires indigènes d'Algérie) de leur changement d'adresse.

ART. 14. — Renouvellement des propositions.

Les candidats non classés pour les emplois qu'ils avaient sollicités peuvent faire renouveler leur dossier s'ils se trouvent encore dans les conditions prévues à l'article 2 de l'instruction.

Les dossiers de renouvellement devront parvenir à la commission de classement quarante jours au plus tard après la date du numéro du *Journal officiel* dans lequel les listes de classement auront été publiées.

Ces dossiers doivent comprendre :

1° La demande du candidat;

2° Une chemise bleue pour chacun des emplois sollicités;

3° Un certificat d'aptitude professionnelle pour chacun des emplois nouveaux que solliciterait le candidat.

Les candidats qui renouvellent leur demande d'emplois concourent sans aucun droit de priorité avec les candidats du semestre au titre duquel le dossier de renouvellement est établi.

Tous les dossiers de propositions renouvelées doivent comporter un nouvel extrait du casier judiciaire de l'intéressé; ils doivent également comprendre un nouveau certificat médical si celui fourni antérieurement remonte à plus d'une année, ou si la demande concerne un nouvel emploi et, s'il y a lieu, un nouveau relevé de punitions ou un nouveau rapport de la gendarmerie.

ART. 15. — Classement d'office.

Les candidats qui seraient atteints par la limite d'âge ou par le délai de cinq ans prévu au paragraphe II de la rubrique « Remarques » avant d'avoir pu obtenir leur classement pour l'un des emplois qu'ils avaient sollicités seront classés d'office par la commission pour l'un des emplois disponibles se rapprochant autant que possible de celui ou de l'un de ceux qu'ils avaient choisis.

ART. 16. — Publicité donnée aux avantages réservés par l'article 5 du décret du 19 septembre 1912, modifié par l'article 1er du décret du 11 janvier 1916 et par le décret du 19 décembre 1916 aux militaires indigènes d'Algérie.

Deux exemplaires, tirés en placard et destinés à être affichés, du tableau annexé à la présente instruction seront adressés, chaque année, aux corps de troupe d'Algérie recevant des indigènes aux sections spéciales de recrutement, aux maires et administrateurs des communes de plein exercice et communes mixtes.

Ces tableaux seront affichés dans les casernements.

ART. 17. — Fourniture des imprimés.

Les chemises sur papier rouge (modèle n° 4) et sur papier bleu (modèle n° 3), ainsi que les formules de certificat d'aptitude professionnelle (2 modèles n°⁸ 1 et 2), le bordereau nominatif (modèle n° 5) sont fournis par l'administration centrale de la guerre (Service intérieur).

Les demandes de ces imprimés, établies pour les besoins d'une année, sont centralisées par le général commandant le 19ᵉ corps d'armée et adressées à l'administration centrale de la guerre (Service intérieur, Bureau du matériel), dans les conditions prévues par l'article 10, § 3 de l'instruction du 1ᵉʳ juillet 1907 (*B. O.*, P. R., p. 823).

Les formules de certificat de visite médicale, d'avis du conseil de régiment, d'appréciation du chef de corps ou de service et autres, s'il y a lieu, sont fournies par les corps et services qui les établissent sur papier format tellière.

Il en est de même de l'état signalétique et des services.

Toutefois, ce format n'est pas obligatoire pour le certificat de visite médicale, lorsque tout certificat est tiré d'un registre à souches du modèle en usage dans le service de santé de l'armée.

Les propositions nouvelles, ainsi que les propositions renouvelées, doivent être accompagnées d'un état nominatif semblable au modèle n° 5 annexé à la présente instruction.

ART. 18. — Observations relatives à certains emplois.

Cafés maures. — Les nominations aux gérances de cafés maures sont insérées seulement au *Bulletin officiel* des actes du gouvernement général de l'Algérie et au *Mobacher.*

ART. 19. — Dispositions finales.

1° Toutes les autorités militaires appelées à prêter leur concours à l'exécution de l'article 5 du décret du 19 septembre 1912, modifié par l'article 1er du décret du 11 janvier 1916 et par le décret du 19 décembre 1916, sont invitées à se conformer très strictement à toutes les prescriptions édictées.

2° Sont et demeurent abrogées toutes les décisions, instructions, notes, etc., contraires à la présente instruction.

Fait à Paris, le 30 mars 1917.

Le Ministre de l'intérieur,
MALVY.

Le Ministre de la guerre,
Paul PAINLEVÉ.

ANNEXES

A L'INSTRUCTION DU 30 MARS 1917.

ANNEXE I.

Liste des villes de garnison où se réunissent les commissions d'examen chargées de délivrer le certificat d'aptitude professionnelle aux emplois de la 2ᵉ catégorie.

1° *Division d'Alger.*

Alger, Blida, Médéa, Laghouat, Cherchell, Miliana, Orléansville, Tenes, Dellys, Tizi-Ouzou, Aumale.

2° *Division d'Oran.*

Oran, Sidi-Bel-Abbès, Tlemcen, Mascara, Saïda, Aïn-Sefra, Mostaganem, Abzen, Am-Mi-Moussa, Tiaret.

3° *Division de Constantine.*

Constantine, Philippeville, Djidjelli, Bougie, Akbou, Sétif, Biskra, Batna, Khenchela, Souk-Ahras, Guelma, La Calle, Bône.

ANNEXE II.

Modèles.

FORMAT DU PAPIER :
Hauteur.............. 0,34
Largeur 0,22

MODÈLE N° 1. —

CERTIFICAT D'APTITUDE PROFESSIONNELLE

pour l'emploi d' (1)

catégorie (2)

Vu l'article 5 du décret du 19 septembre 1912 ;
Vu l'article 1er du décret du 11 janvier 1916 ;
Vu le décret du 19 décembre 1916 ;
Vu l'avis favorable du conseil de régiment ;
Vu l'article 6 (3) de l'instruction du 30 mars 1917 et l'ensemble des pièces du dossier ;
Vu le procès-verbal de l'examen subi par (4)

instituée par l'article 6 (3)

La commission (5)
de l'instruction du 30 mars 1917 précité, délivre à
le présent certificat d'aptitude professionnelle (6).

Nombre de points   sur un maximum de points dont les 60/100 =

Détail des notes obtenues :

Examen écrit (7)   Examen oral (7)

Fait à   , le   191 .

Le Président   Les Membres

(1) Désignation de l'emploi.
(2) Numéro de la catégorie.
(3) Pour les emplois de la 1re catégorie et pour les emplois de la 2e catégorie.
(4) Nom, prénoms, grade, indication du corps ou service.
(5) Régionale, de garnison.
(6) Ce certificat n'est pas remis à l'intéressé qui, toutefois, est avisé du résultat de l'examen qu'il a subi et de la moyenne des notes qu'il a obtenues.
(7) Indiquer, pour chacune des matières de l'examen, la note obtenue et, s'il y a lieu, le coefficient.

MODÈLE N° 2.

CERTIFICAT D'APTITUDE PROFESSIONNELLE

pour l'emploi de (1)

(3° catégorie).

Vu l'article 5 du décret du 19 septembre 1912 ;
Vu l'article 1er du décret du 11 janvier 1916 ;
Vu le décret du 19 décembre 1916 ;
Vu l'avis favorable du conseil de régiment ;
Vu l'article 6 de l'instruction du 30 mars 1917 et l'ensemble des pièces du dossier,

Le (2)   soussigné

délivre à (3)

le présent certificat d'aptitude professionnelle (4) constatant que le candidat possède les qualités requises pour occuper l'emploi d' (1)

Fait à   , le   191 .

Le (2)

---

(1) Désignation de l'emploi.
(2) Colonel, lieutenant-colonel, chef de bataillon, etc., commandant le   ° régiment   , le   bataillon d   , etc., ou directeur du service.
(3) Nom, prénoms, grade, indication du corps ou du service.
(4) Le certificat n'est pas remis à l'intéressé qui, toutefois, est avisé par le (2)   que ledit certificat lui a été accordé.

MINISTÈRE

DE LA GUERRE.

Modèle n° 2.

Format : 0^m,40 × 0^m,25.
(Papier bleu).

EMPLOIS RÉSERVÉS

par l'article 5 du décret du **19 septembre 1912**, modifié par l'article 1er du décret du **11 janvier 1916** et par le décret du **19 décembre 1916**, aux militaires indigènes de l'Algérie.

Indication du corps ou service (1)
Dossier d   (2)
Demeurant à (3)
Né le   , à   , département
Candidat à l'emploi d   ; catégorie
Âge au premier jour du semestre (indiquer les mois et jours)
Durée totale des services (présence effective sous les drapeaux)

		Nombre de points.
Décompte des services.....	Ancienneté de service (tout mois commencé est compté comme fait)	1 point par mois. mois.
	Service comme soldat de 1re classe (les nombres fractionnaires sont retenus pour éviter les *ex æquo*)..	1/3 de point par mois. mois.
	Service comme caporal (les nombres fractionnaires sont retenus comme ci-dessus)....,..........	1/2 point par mois. mois.
	Service comme sous-officier (les nombres fractionnaires sont retenus comme ci-dessus)..............	1 point par mois. mois.

Campagnes   1 point par mois (campagnes des régions sahariennes ou hors Algérie-Tunisie).

Décorations .. { Légion d'honneur (date du décret)
{ Médaille militaire (date du décret)
{ Croix de guerre (date de la ou des citations)

Blessures de guerre seulement (plusieurs blessures reçues dans une même affaire ne comptent que pour une seule).
Citations (pour actions d'éclat seulement) ;
Certificat d'aptitude professionnelle

Punitions	antérieures aux quatre dernières années. Prison : jours
	Dans les quatre dernières années...... { Prison : jours. { Salle de police et consigne à la chambre : jours.
	Réprimande du capitaine (4) :
	Réprimande du chef de corps (4) :
	Rétrogradation (4) :
	Cassation (4) :

Condamnations :
L (2)
a-t-il déjà été régulièrement proposé pour un des emplois prévus au tableau annexé à l'instruction du 30 mars 1917 ? Si oui, lequel, et à quelle date ?

A   , le   191 .

Le (5)

---

(1) Pour le militaire en activité de service : corps ou service auquel il appartient au moment de la constitution du dossier ; pour le militaire libéré : corps ou service auquel il appartenait lors de sa libération.

(2) Nom, prénoms, grade et positions. Indiquer si le candidat est ou a été rengagé, libéré, retraité, réformé n° 1 et quel est, dans ces deux derniers cas, le montant de la pension de retraite ou de la gratification de réforme.

(3) Pour les militaires libérés seulement.

(4) Dates et motifs.

(5) Indication et signature de l'autorité chargée de l'établissement de la présente chemise et de la composition du dossier.

EMPLOIS DEMANDÉS
(rangés par ordre de préférence du candidat).

1°
2°
3°
4°
5°
6°

MINISTÈRE

DE LA GUERRE.

MODÈLE Nº 4.

FORMAT : 0ᵐ40 × 0ᵐ25
(papier rouge).

EMPLOIS DEMANDÉS
(rangés suivant l'ordre
de préférence du can-
didat).

1°

2°

3°

4°

5°

6°

(1) Nom.

(2) Indication du corps
ou service dans lequel ser-
vait l'intéressé au moment
de sa libération (pour les
militaires libérés).

(3) Pour les militaires
libérés seulement.

(4) Aucune inscription
ne doit être faite dans
les colonnes « Renseigne-
ment » et « Dates ».

EMPLOIS RÉSERVÉS

PAR L'ARTICLE 5 DU DÉCRET DU 19 SEPTEMBRE 1912,
MODIFIÉ
PAR L'ARTICLE 1ᵉʳ DU DÉCRET DU 11 JANVIER 1916
ET PAR LE DÉCRET DU 19 DÉCEMBRE 1916,
AUX MILITAIRES INDIGÈNES D'ALGÉRIE.

Dossier collectif d (1)

Prénoms :

Grade :

Corps (2) :

Adresse (3) :

RENSEIGNEMENTS (4).	DATES (4).
* Liste de classement.	Nº

MODÈLE N° 5.

19ᵉ CORPS D'ARMÉE.

FORMAT DU PAPIER
Haut., 0ᵐ34 ; larg., 0ᵐ23.

PROPOSITIONS NOUVELLES

(OU PROPOSITIONS RENOUVELÉES)

(Article 5 du décret du 19 septembre 1912, modifié par l'article 1ᵉʳ
du décret du 11 janvier 1916
et par le décret du 19 décembre 1916.)

BORDEREAU NOMINATIF

des

MILITAIRES INDIGÈNES D'ALGÉRIE

CANDIDATS A DES EMPLOIS CIVILS.

Nᵒˢ D'ORDRE.	NOMS.	GRADES.	CORPS ou SERVICES.	EMPLOIS SOLLICITÉS.	NUMÉRO de la catégorie	OBSERVATIONS.
						Les candidats doivent être inscrits par ordre alphabétique, sans tenir compte de la catégorie de l'emploi sollicité.

Modèle Nº 6.

Article 8 de l'instruction
du 30 mars 1917.

Format :
Papier tellière.

POUR LES EMPLOIS DE LA 3ᵉ CATÉGORIE.

AVIS.

L   informe

qu'il a (n'a pas) obtenu le certificat d'aptitude professionnelle constatant

qu'il possède les qualités requises pour occuper l'emploi de

Fait à   , le   191 .

Le

MODÈLE N° 7.

—

Article 7 de l'instruction
du 30 mars 1917.

FORMAT :
Papier tellière.

POUR LES EMPLOIS DE 2ᵉ ET 1ʳᵉ CATÉGORIES.

———

AVIS.

—

Le Président de la Commission

informe   que la Commission lui a

(ou ne lui a pas) délivré le certificat d'aptitude professionnelle exigé pour

l'emploi de

Moyenne des notes obtenues :

Fait à   , le   191 .

Le Président de la Commission,

V

TABLEAU

des emplois réservés aux anciens militaires indigènes de l'Algérie réunissant les conditions de l'article 5 du décret du 19 septembre 1912 modifié par l'article 1ᵉʳ du décret du 11 janvier 1916 et par le décret du 19 décembre 1916.

Tableau récapitulatif des infirmités consécutives à des blessures de guerre ou à des maladies et compatibles avec des emplois civils.

ABRÉVIATIONS.	RÉGIONS ou ORGANES INTÉRESSÉS.	INFIRMITÉS CONSÉCUTIVES.
Cr..............	Crâne...............	Perte de substance des os du crâne consécutive à une trépanation sans troubles cérébraux et après prothèse spéciale.
V..............	Visage...............	Amputation ou résection du maxillaire inférieur ou supérieur. Ankylose temporo-maxillaire. Déformation des maxillaires consécutive à un cal vicieux, Atrésies cicatricielles de la bouche, des oreilles, du nez, des paupières, perte ou mutilation du nez. Mutilations cicatricielles de la face.
Y..............	Yeux...............	Perte d'un œil ou de la vision d'un œil. Diminution considérable de la vision d'un œil (l'autre œil devant être intact).
O..............	Oreilles...........	Surdité unilatérale.
Cou..............	Cou...............	Aphonie d'origine traumatique, sans perte absolue de la parole. Torticolis traumatique.
Th..............	Thorax............	Fractures. Déformations des côtes ou du sternum.

Ab...............	Abdomen...........	Cicatrices étendues. Eventration cicatricielle. Hernie traumatique.
O. g.............	Organes génitaux..	Perte des testicules ; émasculation totale (sans incontinence d'urine).
D...............	Dos et colonne vertébrale...........	Déformation de la colonne vertébrale par fracture, sans lésion médullaire. Ruptures musculaires et tendineuses. Fracture incomplète des corps vertébraux.
Ba...............	Bassin...........	Fractures vicieusement consolidées.

Membre supérieur.

Br...............	Bras...........	Amputation du bras et de l'avant-bras. Désarticulations de l'épaule, du coude, du poignet. Déformations du bras ou de l'avant-bras, du poignet par fracture. Déformation par fracture de la clavicule. Ankylose complète ou incomplète de l'épaule, du coude, du poignet en extension ou flexion. Ankylose par lésion de l'omoplate. Limitation ou abolition complète des mouvements de pronation ou de supination. Atrophies musculaires de l'épaule, du bras, de l'avant-bras. Paralysie totale ou partielle d'origine périphérique. Pseudarthroses. Relâchement articulaire de l'épaule, du coude, du poignet par atrophie musculaire ou résection (l'usage de l'autre bras étant conservé).
M...............	Main.............	Amputation des articulations ou résection des métacarpiens, du pouce ou des doigts. Ankyloses multiples en flexion ou extension. Déformations consécutives à des délabrements osseux, à des sections ou rétractions tendineuses, à des cicatrices rétractées et adhérentes. Paralysie du médian, du radial, du cubital (l'usage de l'autre main étant conservé).

ABRÉVIATIONS.	RÉGIONS ou ORGANES INTÉRESSÉS.	INFIRMITÉS CONSÉCUTIVES
		Membre inférieur.
C. J..............	Cuisse et jambe.....	Amputation de la cuisse ou de la jambe ou des deux membres, avec prothèse bien tolérée. Désarticulations de la hanche, du genou, du cou du pied. Ankyloses de la hanche, du genou, du cou du pied en flexion ou extension, complètes ou incomplètes. Cal vicieux avec déformation, raccourcissement de la cuisse ou de la jambe. Pseudarthroses de la cuisse ou de la jambe. Atrophie musculaire de la cuisse ou de la jambe. Paralysies traumatiques d'origine périphérique. Fracture de la rotule. Relâchement articulaire du genou, de la hanche. Diastasis au niveau du cou du pied.
P...............	Pied...............	Désarticulations de Chopart, de Lisfranc, sous-astragalienne. Désarticulation de plusieurs métatarsiens ou de plusieurs orteils. Déformations consécutives à des luxations, fractures ou résections. Perte du calcaneum. Pied plat traumatique. Pied bot traumatique.

NOTA. — Lorsque les infirmités résultant de blessures reçues ou de maladies contractées devant l'ennemi, au cours de la guerre actuelle, n'auront pas entraîné l'impotence ou la déformation d'un membre ou d'un organe, ou toute autre lésion rentrant dans la classification ci-dessus, il appartiendra à la commission de classement d'apprécier si les infirmités décrites par les certificats médicaux versés au dossier sont compatibles avec l'exercice de l'emploi sollicité.

CATÉGORIE DES EMPLOIS.	EMPLOIS.	CATÉGORIES DE BLESSURES OU D'INFIRMITÉS COMPATIBLES AVEC L'EMPLOI RÉSERVÉ.	C
		Administration du gouvernement	gé
3e	Cafetiers maures dans les départements :		1/6 se
	1re classe....................	Cr. — V. — Y. — Cou (sauf aphonie). — Th. — Ab. — O. g. — D. — Ba.	2/6 se
	2e classe....................	Cr. — V. — Y. — Cou (sauf aphonie). — Th. — Ab. — O. g. — D. — Ba.	3/6 se so
	3e classe....................	Cr. — V. — Y. — Cou (sauf aphonie). — Th. — Ab. — O. g. — D. — Ba.	Ces re la es
3e	Plantons....................	....	Sav
		Administration	dé
1re	Khodja de sous-préfecture.....	V. (compatible avec l'emploi)....................	Sav l'a pa
3e	Cavaliers de sous-préfecture..	V. (compatible avec l'emploi). — Y. — O............	Sav tri da m ou
2e	Chaouch....................	Cr. — V. — Y. — Cou (sauf aphonie). — Th. — Ab. — O. g. — D. — Ba.	Par de na la
		Service	san
3e	Canotiers....................	V. (compatible avec l'emploi)....................	Sav

	CONDITIONS SPÉCIALES D'ACCÈS. — CONDITIONS D'APTITUDE ET MATIÈRES DES EXAMENS.	PROPORTION RÉSERVÉE.	NOMBRE ANNUEL de vacances probables.	TRAITEMENT OU SALAIRE. — DROIT À PENSION. — OBSERVATIONS.
...ent	**général de l'Algérie.**			
	1/6 du chiffre des vacances est réservé aux officiers.	Alger : 1re cl., 173. 2e cl., 254. 3e cl., 737.	Variable.	Alger : 1re classe, revenu de 1.200 à 1.500 fr. et au-dessus; 2e classe, revenu de 600 à 1.200 fr.; 3e classe, revenu inférieur à 600 fr.
Ab.	2/6 du chiffre des vacances est réservé aux sous-officiers.	Oran : 1re cl., 139. 2e cl., 168. 3e cl., 395.	Variable.	Oran : 1re classe, revenu supérieur à 1.200 fr.; 2e classe, revenu de 600 à 1.200 fr.; 3e classe, revenu inférieur à 600 fr.
Ab.	3/6 du chiffre des vacances est réservé aux caporaux, brigadiers et soldats.	Constantine : 1re cl., 109. 2e cl., 92. 3e cl., 520.	Variable.	Constantine : 1re classe, revenu supérieur à 1.500 fr.; 2e classe, revenu de 1.200 à 1.500 fr.; 3e classe, revenu inférieur à 1.200 fr.
Ab.	Ces emplois sont attribués de préférence aux candidats originaires de la région dans laquelle la vacance est ouverte.			
...	Savoir lire et écrire en français....	5/6	Une tous les 2 ans.	360 fr.
on	**départementale.**			
...	Savoir lire et écrire le français et l'arabe, connaissance à déterminer par arrêté interministériel.	5/6	Rares.	1.600 à 3.100 fr. Droit à pension.
...	Savoir monter à cheval, emploi à attribuer de préférence aux candidats originaires de l'arrondissement dans lequel la vacance est ouverte.	5/6	Rares.	900 fr. à 1.200 fr.
Ab.	Parler français. Emplois à attribuer de préférence aux candidats originaires de la région dans laquelle la vacance est ouverte.	5/6	Rares.	900 fr. à 1.200 fr.
..e	**sanitaire.**			
...	Savoir lire et écrire le français....	5/6	Vacances rares.	1.100 à 1.800 fr.

CATÉGORIE DES EMPLOIS.	EMPLOIS.	CATÉGORIES DE BLESSURES OU D'INFIRMITÉS COMPATIBLES AVEC L'EMPLOI RÉSERVÉ.
		Sécurité
3e	Auxiliaires et gardiens........	Cr. — V. — Y. — O. — Cou (sauf aphonie). — Th. — Ab. — O. g. — D. — Ba. — Br. — M. — C. J. (sauf amputation des deux membres). — P.
3e	Cavaliers..................	V. (compatible avec l'emploi). — Y. — O..........
		Instruction publique
3e	Balayeur de médersah........	Cr. — V. — Y. — O. — Cou. — Th. — Ab. — O. g. — D. — Ba. — M. (une permettant la préhension, l'autre étant intacte). — P. (un permettant la marche, l'autre étant intact).
3e	Ouakaf....................	V. (compatible avec l'emploi). — Y. — O..........
		Administration
2e	Chaouch...................	Cr. — V. — Y. — Cou (sauf aphonie). — Th. — Ab. — O. g. — D. — Ba.
		Douane
3e	Cavaliers indigènes.........	V. (compatible avec l'emploi)...............
		Instruction
2e	Chaouch...................	Cr. — V. — Y. — Cou (sauf aphonie). — Th. — Ab. — O. g. — D. — Ba.
		Enregistrement, do
2e	Chaouch...................	Cr. — V. — Y. — Cou (sauf aphonie). — Th. — Ab. — O. g. — D. — Ba.
		Postes, télégraphes
2e	Facteur auxiliaire des postes, télégraphes et téléphones.	Cr. — V. (compatible avec l'emploi). — Y. — Cou (sauf aphonie). — Th. — Ab. — O. g. — D. — Ba. — Br. — M. (une intacte).
3e	Ouvriers permanents........	V. — Y. — O. — Cou. — M.......... (Ces infirmités doivent être compatibles avec chacun des emplois spéciaux.)

CONDITIONS SPECIALES D'ACCÈS. CONDITIONS D'APTITUDE ET MATIÈRES DES EXAMENS.	PROPORTION RÉSERVÉE.	NOMBRE ANNUEL de vacances probables.	TRAITEMENT OU SALAIRE. DROIT À PENSION. OBSERVATIONS.
générale.			
Savoir lire, écrire et compter en français.	5/6	Vacances très rares.	360 à 1.400 fr.
Posséder les ressources nécessaires pour acheter un cheval apte au service et un harnachement arabe.	5/6	Vacances très rares.	1.200 fr.
des indigènes.			
Emploi à attribuer de préférence aux militaires originaires de la région dans laquelle la vacance est ouverte.	5/6	Vacances très rares.	600 fr. Pas de droit à pension.
....	5/6	Vacances très rares.	1.000 à 1.200 fr. Pas de droit à pension.
militaire.			
Parler français. Emploi à attribuer de préférence aux candidats originaires de la région dans laquelle la vacance est ouverte.	5/6	Très rares.	900 fr.
nes.			
Savoir lire, écrire en français........	5/6	Très rares.	1.200 fr. Droit à pension.
publique.			
Savoir lire et traduire le français et l'arabe.	5/6	Rares.	900 à 1.200 fr. Pas de droit à pension.
maines et timbre.			
Parler français. Emploi à attribuer de préférence aux candidats originaires de la région dans laquelle la vacance est ouverte.	5/6	Rares.	700 à 1.400 fr.
et téléphones.			
Savoir lire, écrire et compter en français.	5/6	12	600 à 1.500 fr. Rétribution soumise à retenue de 4 p. 100 au profit de la caisse des retraites pour la vieillesse.
Savoir lire, écrire et compter en français, santé robuste.	5/6	16	4 fr. 25 à 6 fr. 25. Salaire soumis à une retenue de 4 p. 100 au profit de la caisse des retraites pour la vieillesse.

CATÉGORIE DES EMPLOIS.	EMPLOIS.	CATÉGORIES DE BLESSURES OU D'INFIRMITÉS COMPATIBLES AVEC L'EMPLOI RÉSERVÉ.
		Service
3°	Garçons de bureau de laboratoire.	Cr. — V. — Y. — O. — Cou (sauf aphonie). — Th. — Ab. — O. g. — D. — Ba. — Br. — M. — C. J. (sauf amputation des deux membres). — P.
3°	Chaouchs des mines..........	Cr. — V. — Y. — O. — Cou (sauf aphonie). — Th. — Ab. — O. g. — D. — Ba.
		Instruction publique. —
2°	Commis d'inspection académique.	Cr. — V. — Y. — O. — Cou. — Th. — Ab. — O. g. — D. — Ba. — Br. — M. — C. J. — P.
2°	Expéditionnaire d'inspection académique.	Cr. — V. — Y. — O. — Cou. — Th. — Ab. — O. g. — D. — Ba. — Br. — M. — C. J. — P.
2°	Dactylographes.	Cr. — V. — Y. — O. — Cou. — Th. — Ab. — O. g. — D. — Ba. — Br. — M. — C. J. — P.
3°	Garçons de bureau..........	Cr. — V. — Y. — O. — Cou (sauf aphonie). — Th. — Ab. — O. g. — D. — Ba. — Br. — M. — C. J. (sauf amputation des deux membres). — P.
		Université
3°	Garçons de salle..............	Cr. — V. — Y. — O. — Cou (sauf aphonie). — Th. — Ab. — O. g. — D. — Ba. — Br. — M. — C. J. (sauf amputation des deux membres). — P.
2°	Commis de faculté............	Cr. — V. — Y. — O. — Cou. — Th. — Ab. — O. g. — D. — Ba. — Br. — M. — C. J. — P.
3°	Garçons de laboratoire......	Cr. — V. — Y. — O. — Cou (sauf aphonie). — Th. — Ab. — O. g. — D. — Ba. — Br. — M. — C. J. (sauf amputation des deux membres). — P.
3°	Gens de service de la faculté..	Cr. — V. — Y. — O. — Cou (sauf aphonie). — Th. — Ab. — O. g. — D. — Ba. — Br. — M. — C. J. (sauf amputation des deux membres). — P.

CONDITIONS SPÉCIALES D'ACCÈS. CONDITIONS D'APTITUDE ET MATIÈRES DES EXAMENS.	PROPOR-TION RÉSERVÉE.	NOMBRE ANNUEL de vacances probables.	TRAITEMENT OU SALAIRE. DROIT A PENSION. OBSERVATIONS.
des mines.			
Bonne santé, savoir lire, écrire et compter.	5/6	Variable.	1.320 fr.
Bonne santé, savoir lire, écrire et compter.	5/10	Variable.	1.080 fr.
Administration académique.			
Etre titulaire du brevet élémentaire.	5/6	Une vacance tous les 5 ou 6 ans.	2.300 à 3.300 fr. Droit à pension.
Etre titulaire du brevet élémentaire et connaître la dactylographie.	5/6	1 par an au maximum	1.200 à 1.400 fr. Pas de droit à pension.
Production d'un diplôme constatant que le candidat connaît la dactylographie.	5/6	Rares.	De 1.200 à 1.400 fr. Pas de droit à pension.
Savoir lire, écrire et compter en français.	5/6	Rares.	1.200 fr. Pas de droit à pension.
d'Alger.			
Bonne santé, savoir lire, écrire et compter en français.	5/6	1 à 2 vacances par an	De 1.200 à 1.500 fr. Pas de droit à pension.
Copie à main posée. — Dictée. — Rédaction sur un sujet n'exigeant aucune connaissance technique. — Problème d'arithmétique. — Rédaction française sur un sujet emprunté à l'histoire de France. — Épreuves orales; notions sur l'organisation de l'instruction publique.	5/6	Très rares.	De 1.800 à 3.600 fr. Droit à pension.
Bonne santé, savoir lire, écrire et compter en français.	5/6	Très rares.	De 1.500 à 1.800 fr. Pas de droit à pension.
Bonne santé, savoir lire, écrire et compter en français.	5/6	Très rares.	De 800 à 1.200 fr. Pas de droit à pension.

CATÉGORIE DES EMPLOIS.	EMPLOIS.	CATÉGORIES DE BLESSURES OU D'INFIRMITÉS COMPATIBLES AVEC L'EMPLOI RÉSERVÉ.
		Jus
2ᵉ	Sous-secrétaire de parquet...	Cr. — V. — Y. — O. — Cou. — Th. — Ab. — O. g. — D. — Ba. — Br. — M. — C. J. — P.
3ᵉ	Chaouchs de parquet.........	Cr. — V. — Y. — O. — Cou (sauf aphonie). — Th. — Ab. — O. g. — D. — Ba.
1ʳᵉ	Interprète de la justice de paix.	Cr. — V. (compatible avec l'emploi). — Y. — O. — Cou (sauf aphonie). — Th.
		Sécurité
2ᵉ	Inspecteurs de la police mobile.	V. (compatible avec l'emploi)......................
2ᵉ	Agent de la police mobile.....	V. (compatible avec l'emploi)......................
2ᵉ	Agent de la sûreté départementale.	V. (compatible avec l'emploi)......................
		Agri
3ᵉ	Garçons de salle ou de laboratoire.	Cr. — V. — Y. — O. — Cou (sauf aphonie). — Th. — Ab. — O. g. — D. — Ba. — Br. — M. — C. J. (sauf amputation des deux membres). — P.
3ᵉ	Garde de parc.................	V. — Y. — Cou (sauf aphonie). — O. g. — Br. — M. (une intacte). — P. (un permettant la marche, l'autre étant intact).
		Poids et
2ᵉ	Chaouch.....................	Cr. — V. — Y. — Cou (sauf aphonie). — Th. — Ab. — O. g. — D. — Ba.
		Instruction
		École normale pri
3ᵉ	Gens de service..............	Cr. — V. — Y. — O. — Cou (sauf aphonie). — Th. — Ab. — O. g. — D. — Ba. — Br. — M. — C. J. (sauf amputation des deux membres). — P.

CONDITIONS SPÉCIALES D'ACCÈS. CONDITIONS D'APTITUDE ET MATIÈRES DES EXAMENS.	PROPOR-TION RÉSERVÉE.	NOMBRE ANNUEL de vacances probables.	TRAITEMENT OU SALAIRE. DROIT A PENSION. OBSERVATIONS.
tice.			
Être titulaire du brevet élémentaire.	5/6	2	1.500 fr. Droit à pension.
Parler français. Emplois à attribuer de préférence aux candidats originaires de la région dans laquelle la vacance est ouverte.	5/6	6	1.200 fr. Sans droit à pension.
Examen professionnel exigé par l'article 5 de l'arrêté ministériel du 29 mai 1846.	5/6	2	1.500 fr., plus émoluments variables. Droit à pension.
générale.			
Savoir parler français et faire correctement un rapport verbal.	5/6	Variable.	Indemnité de 2.300 à 2.800 fr. Pas de droit à pension.
Savoir parler français et faire correctement un rapport verbal.	5/6	Variable.	Indemnité de 1.300 à 2.100 fr. Pas de droit à pension.
Savoir lire et écrire le français. Emploi à attribuer de préférence aux militaires originaires de la région dans laquelle la vacance est ouverte.	5/6	Variable.	1.300 à 2.200 fr. Droit à pension.
culture.			
Savoir lire, écrire et compter en français.	5/6	Rares.	600 à 1.900 fr. Pas de droit à pension.
Savoir parler et comprendre le français.	5/6	Rares.	600 à 1.200 fr. Pas de droit à pension.
mesures.			
Parler français. Emploi à attribuer de préférence aux candidats orginaires de la région dans laquelle la vacance est ouverte.	5/6	Variable.	De 600 à 1.000 fr. Non soumis aux retenues.
publique.			
maire de la Bouzaria.			
Savoir lire écrire, et compter en français.	5/6	3 à 4 par an.	540 fr. Pas de droit à pension.

CATÉGORIE DES EMPLOIS.	EMPLOIS.	CATÉGORIES DE BLESSURES OU D'INFIRMITÉS COMPATIBLES AVEC L'EMPLOI RÉSERVÉ.
		Chemins de fer
2°	Commis.	Cr. — V. — Y. — O. — Cou. — Th. — Ab. — O. g. — D. — Ba. — Br. — M. — C. J. — P.
2°	Dessinateurs.	Cr. — V. — Y. — O. — Cou. — Th. — Ab. — O. g. — D. — Ba. — M. (permettant la préhension). — C. J. (une). — P. (un).
2°	Chef d'équipe technique.	Cr. — V. — Y. — O. — Cou (sauf aphonie). — Th. — Ab. — O. g. — D. — Ba. — M. — C. J. (une). — P. (un).
2°	Facteurs.	1° Facteurs (surveillance) : V. — Y. — Cou (sauf aphonie). — Th. — O. g. — Br. — M. (une permettant la préhension, l'autre étant intacte). — P. (un permettant la marche, l'autre étant intact); 2° Facteurs (tous autres services) : V. — Y. — Cou (sauf aphonie). — Th. — O. g. — D. — Ba.
3°	Pointeurs.	V. — Y. — Cou (sauf aphonie). — Th. — O. g. — D. (sauf dans le cas de déformation traumatique de la colonne vertébrale par fracture ou luxation sans lésion médullaire). — P. (un permettant la marche, l'autre étant intact).
3°	Ouvriers.	Pour chaque emploi spécial, les catégories de blessures ou d'infirmités compatibles avec l'emploi sont les mêmes que celles qui ont été fixées pour l'emploi similaire des chemins de fer de l'État en France, soit par le règlement du 14 juillet 1916, soit par le décret du 31 octobre 1916.

CONDITIONS SPÉCIALES D'ACCÈS. CONDITIONS D'APTITUDE ET MATIÈRES DES EXAMENS.	PROPORTION RÉSERVÉE.	NOMBRE ANNUEL de vacances probables.	TRAITEMENT OU SALAIRE. DROIT A PENSION. OBSERVATIONS.
algériens de l'État.			
Écriture courante et lisible. Orthographe correcte. Arithmétique jusqu'aux proportions inclusivement. Système métrique. Notions élémentaires sur la comptabilité commerciale et les tarifs. Manipulation des appareils télégraphiques (morse et cadran). Connaissance du code des signaux.	5/12	Variable.	1.800 à 3.000 fr.
Copie à main posée. Dictée. Rédaction sur un sujet n'exigeant aucune connaissance technique. Problèmes d'arithmétique. Notions de géométrie descriptive. Pratique du dessin.	5/12	2	1.800 fr.
Production d'un certificat constatant que le candidat a satisfait à des épreuves pratiques correspondant à l'emploi sollicité.	5/12	2	1.800 fr.
Belle écriture et connaissance de la dactylographie.	5/12	15	1.300 fr.
Production d'un certificat constatant que le candidat a satisfait à des épreuves pratiques correspondant à l'emploi sollicité.	5/12	2	1.300 fr.
Les candidats aux emplois d'ouvriers spécialistes devront produire un certificat constatant qu'ils ont satisfait à des épreuves pratiques correspondant à la spécialité sollicitée.	5/12	60	Emoluments variables.

CATÉGORIE DES EMPLOIS.	EMPLOIS.	CATÉGORIES DE BLESSURES OU D'INFIRMITÉS COMPATIBLES AVEC L'EMPLOI RÉSERVÉ.
		EMPLOIS DES DÉPARTEMENTS
		Tribunaux
2°	Concierges..................	Cr. — V. — Y. — Cou (sauf aphonie). — Th. — Ab. — O. g. — D. — Ba.
2°	Appariteurs.................	Cr. — V. — Y. — Cou (sauf aphonie). — Th. — Ab. — O. g. — D. — Ba.
2°	Chaouchs...................	Cr. — V. — Y. — Cou (sauf aphonie). — Th. — Ab. — O. g. — D. — Ba.
		Tribunaux
2°	Concierges..................	Cr. — V. — Y. — Cou (sauf aphonie). — Th. — Ab. — O. g. — D. — Ba.
2°	Appariteurs.................	Cr. — V. — Y. — Cou (sauf aphonie). — Th. — Ab. — O. g. — D. — Ba.
2°	Chaouchs...................	Cr. — V. — Y. — Cou (sauf aphonie). — Th. — Ab. — O. g. — D. — Ba.
		Vaccine. — Épidé
1re	Contrôleurs administratifs...	Cr. — V. — Y. — Cou (sauf aphonie). — Th. — Ab. — O. g. — D. — Ba.
2°	Mécaniciens, chefs de poste..	V. — Y. — O. — Cou. — Th. — M. — P. (un permettant la marche, l'autre étant intact). (Ces infirmités doivent être compatibles avec chacun des emplois spéciaux.)
2°	Secrétaires auxiliaires.......	Cr. — V. — Y. — O. — Cou. — Th. — Ab. — O. g. — D. — Ba. — Br. — M. — C. J. — P.
		Préfectures et
2°	Commis auxiliaires..........	Cr. — V. — Y. — O. — Cou. — Th. — Ab. — O. g. — D. — Ba. — Br. — M. — C. J. — P.
2°	Dactylographes.............	Cr. — V. — Y. — O. — Cou. — Th. — Ab. — O. g. — D. — Ba. — Br. — C. J. — P.
2°	Téléphonistes...............	Cr. — V. — Y. — Th. — Ab. — O. g. — D. — Ba. — Br. — C. J. — P.

CONDITIONS SPÉCIALES D'ACCÈS. CONDITIONS D'APTITUDE ET MATIÈRES DES EXAMENS.	PROPOR- TION RÉSERVÉE.	NOMBRE ANNUEL de vacances probables.	TRAITEMENT OU SALAIRE. DROIT A PENSION. OBSERVATIONS.
(ALGER, ORAN, CONSTANTINE).			
civils.			
Savoir lire, écrire et compter en français.	5/6	Rares.	700 fr.
Savoir lire, écrire et compter en français.	5/6	Rares.	800 fr.
Savoir lire et parler français........	5/6	Rares.	500 fr.
de commerce.			
Savoir lire et écrire en français.....	5/6	3	800 fr.
Savoir lire et écrire en français.....	5/6	2	800 fr.
Savoir lire et parler français........	5/6	2	900 fr.
mies. — Désinfection.			
....	5/6	1	3.600 fr.
Instruction primaire et connaissances techniques. — Production d'un certificat constatant que le candidat possède les connaissances techniques nécessaires. — Un arrêté interministériel déterminera les conditions dans lesquelles ce certificat sera délivré.	5/6	3	1.800 fr.
....	5/6	1	1.000 fr.
sous-préfectures.			
Bonne instruction primaire..........	5/6	Variable.	960 fr.
Bonne instruction primaire..........	5/6	2	1.000 fr.
Savoir lire, écrire et compter en français.	5/6	11	900 fr.

CATÉGORIE DES EMPLOIS.	EMPLOIS.	CATÉGORIES DE BLESSURES OU D'INFIRMITÉS COMPATIBLES AVEC L'EMPLOI RÉSERVÉ.
		Préfectures et
2ᵉ	Concierges..................	Cr. — V. — Y. — Cou (sauf aphonie). — Th. — Ab. — O. g. — D. — Ba.
2ᵉ	Chaouchs, hommes d'équipe..	Cr. — V. — Y. — Cou (sauf aphonie). — Th. — Ab. — O. g. — D. — Ba.
2ᵉ	Huissiers, appariteurs, conseil général.	Cr. — V. — Y. — Cou (sauf aphonie). — Th. — Ab. — O. g. — D. — Ba.
3ᵉ	Jardiniers..................	V. (compatible avec l'emploi). — Y. — O.............
		Service
2ᵉ	Cantonniers..................	Cr. — V. — Y. — O. — Cou. — Th. — Ab. — O. g. — D. — Ba. — M. (une permettant la préhension, l'autre étant intacte). — P. (un permettant la marche, l'autre étant intact).
		Enfants
2ᵉ	Commis auxiliaires............	Cr. — V. — Y. — O. — Cou. — Th. — Ab. — O. g. — D. — Ba. — Br. — M. — C. J. — P.
2ᵉ	Surveillant de section de discipline.	V. (compatible avec l'emploi)................
2ᵉ	Préposés auxiliaires............	V. (compatible avec l'emploi)................
		Archi
2ᵉ	Commis auxiliaire............	Cr. — V. — Y. — O. — Cou. — Th. — Ab. — O. g. — D. — Ba. — Br. — M. — C. J. — P.
		Inspection
2ᵉ	Chaouchs..................	Cr. — V. — Y. — Cou (sauf aphonie). — Th. — Ab. — O. g. — D. — Ba.
		COMMUNES
		Administration
1ʳᵉ	Commis de tous grades.......	Cr. — V. — Y. — O. — Cou. — Th. — Ab. — O. g. — D. — Ba. — Br. — M. — C. J. — P.

CONDITIONS SPÉCIALES D'ACCÈS. CONDITIONS D'APTITUDE ET MATIÈRES DES EXAMENS.	PROPORTION RÉSERVÉE.	NOMBRE ANNUEL de vacances probables.	TRAITEMENT OU SALAIRE. DROIT A PENSION. OBSERVATIONS.
sous-préfectures (suite).			
Savoir lire, écrire et compter en français. Être marié.	5/6	10	500 fr.
Savoir lire, écrire et compter en français.	5/6	15	900 fr.
Savoir lire, écrire et compter en français.	5/6	2	1.200 fr.
Connaissances en horticulture........	5/6	1	1.000 fr.
vicinal.			
Savoir lire, écrire et compter en français. Constitution robuste.	5/6	485	720 fr.
assistés.			
Savoir lire, écrire et compter en français.	5/6	3	1.500 fr.
....	5/6	1	1.500 fr.
Savoir lire, écrire et compter en français.	5/6	2	600 fr.
ves.			
Savoir lire, écrire et compter........	5/6	1	1.200 fr.
académique.			
Savoir lire, écrire et compter en français.	5/6	1	1.200 fr. Pas de droit à pension.
MIXTES.			
municipale.			
Certificat constatant que le candidat possède l'aptitude technique nécessaire. Les connaissances exigées pour la délivrance de ce certificat seront déterminées par un arrêté interministériel. Emploi à attribuer de préférence aux originaires de la tribu dans laquelle la vacance est ouverte.	5/6	Variable.	De 1.500 à 2.100 fr. Versement à la Caisse nationale des retraites pour la vieillesse.

CATÉGORIE DES EMPLOIS	EMPLOIS.	CATÉGORIES DE BLESSURES OU D'INFIRMITÉS COMPATIBLES AVEC L'EMPLOI RÉSERVÉ.
		Administration
1re	Commis indigènes (khodja et interprètes).	Cr. — V. (compatible avec l'emploi). — Y. — O. — Cou (sauf aphonie). — Th.
2e	Chaouch.	Cr. — V. — Y. — Cou (sauf aphonie). — Th. — Ab. — O. g. — D. — Ba.
		Administration géné
1re	Adjoint indigène.	V. (compatible avec l'emploi). — Y. — O. . . . .
		Administration
1re	Khodja de douar.	V. (compatible avec l'emploi). . . . .
		Voi
3e	Cantonnier.	Cr. — V. — Y. — O. — Cou. — Th. — Ab. — O. g. — D. — Ba. — M. (une permettant la préhension, l'autre étant intacte). — P. (un permettant la marche, l'autre étant intact).
		Service
3e	Garde des eaux.	Cr. — V. — Y. — O. — Cou (sauf aphonie). — O. g.

CONDITIONS SPÉCIALES D'ACCÈS. CONDITIONS D'APTITUDE ET MATIÈRES DES EXAMENS.	PROPOR- TION RÉSERVÉE.	NOMBRE ANNUEL de vacances probables.	TRAITEMENT OU SALAIRE. DROIT A PENSION. OBSERVATIONS.
municipale (suite).			
Certificat constatant que le candidat possède l'aptitude technique nécessaire. Les connaissances exigées pour la délivrance de ce certificat seront déterminées par un arrêté interministériel. Emploi à attribuer de préférence aux originaires de la tribu dans laquelle la vacance est ouverte.	5/6	Variable.	De 1.200 à 2.100 fr. Versement à la Caisse nationale des retraites pour la vieillesse.
Emploi à attribuer de préférence aux militaires originaires de l'arrondissement dans lequel la vacance est ouverte.	5/6	Variable.	De 800 à 900 fr. Pas de droit à pension.
rale des indigènes.			
Certificat constatant que le candidat possède l'aptitude technique nécessaire. Les connaissances exigées pour la délivrance de ce certificat seront déterminées par un arrêté interministériel. Emploi à réserver de préférence aux originaires de la tribu dans laquelle la vacance est ouverte.	25 emplois.	Variable.	De 1.200 à 4.000 fr. Peuvent obtenir des subsides viagers après 20 ans de services.
des douars.			
....	5/6	Variable.	De 180 à 360 fr. Pas de droit à pension. Les emplois de khodja et de garde-champêtre sont souvent réunis. Il ne paraît pas nécessaire d'exiger des connaissances spéciales, en raison de la modicité des émoluments.
rie.			
Emploi à attribuer de préférence aux originaires de la région dans laquelle la vacance est ouverte.	5/6	Variable.	De 1.000 à 1.200 fr. Pas de droit à pension.
des eaux.			
Emploi à attribuer de préférence aux militaires originaires de la région dans laquelle la vacance est ouverte.	5/6	Très rares.	1.200 fr. Pas de droit à pension.

CATÉGORIE DES EMPLOIS.	EMPLOIS.	CATÉGORIES DE BLESSURES OU D'INFIRMITÉS COMPATIBLES AVEC L'EMPLOI RÉSERVÉ.
		Police
2e	Brigadier................	V. (compatible avec l'emploi)................
3e	Cavalier................	V. (compatible avec l'emploi)................
3e	Gardien de nuit............	V. (compatible avec l'emploi)................
2e	Garde champêtre de douar...	V. (compatible avec l'emploi)................
		Di
2e	Facteur auxiliaire des postes, des télégraphes et des téléphones.	Cr. — V. (compatible avec l'emploi). — Y. — Cou (sauf aphonie). — Th. — Ab. — O. g. — D. — Ba. — Br. — M. (une intacte).
2e	Infirmiers................	Y. — O................
2e	Crieur public................	Cr. — V. — Y. — Th. — Ab. — O. g. — D. — Ba....
3e	Ouakaf................	V. (compatible avec l'emploi). — Y. — O........
		Territoires
3e	Chef de cavaliers ou fantassins des bureaux des affaires indigènes.	V. (compatible avec l'emploi). — Y. — O........
3e	Chef de maghzen ou goum permanent.	V. (compatible avec l'emploi). — Y. — O........

CONDITIONS SPÉCIALES D'ACCÈS. CONDITIONS D'APTITUDE ET MATIÈRES DES EXAMENS.	PROPORTION RÉSERVÉE.	NOMBRE ANNUEL de vacances probables.	TRAITEMENT OU SALAIRE. DROIT À PENSION. OBSERVATIONS.
locale.			
Emploi à attribuer de préférence aux militaires originaires de la région dans laquelle la vacance est ouverte. Savoir écrire et signer en français.	5/6	Variable.	1.300 fr. Pas de droit à pension.
Emploi à attribuer de préférence aux militaires originaires de la région dans laquelle la vacance est ouverte. Savoir écrire et signer en français.	5/6	Variable.	De 1.100 à 1.200 fr. Pas de droit à pension.
Emploi à attribuer de préférence aux militaires originaires de la région dans laquelle la vacance est ouverte. Savoir écrire et signer en français.	5/6	Variable.	360 fr. Pas de droit à pension.
Emploi à attribuer de préférence aux militaires originaires de la région dans laquelle la vacance est ouverte. Savoir écrire et signer en français.	5/6	Variable.	De 300 à 360 fr. Pas de droit à pension.
vers.			
Savoir lire, écrire et compter en français.	5/6	12	600 à 1.500 fr. Rétribution soumise à retenue de 4 p. 100 au profit de la Caisse des retraites pour la vieillesse.
Bonne santé, savoir parler et lire le français.	5/6	Variable.	De 300 à 600 fr. Pas de droit à pension.
Aptitude physique suffisante........	5/6	Variable.	Émoluments variables. Pas de droit à pension.
....	5/6	Très rares.	Cet emploi n'existe que dans les rares communes mixtes qui exploitent leurs marchés en régie. Il ne paraît pas nécessaire d'exiger un certificat d'aptitude pour les candidats.
militaires.			
Savoir monter à cheval. Emploi à attribuer de préférence aux militaires originaires de la région dans laquelle la vacance est ouverte.	5/6	Indéterminé.	1.200 fr. Sans pension.
Savoir monter à cheval. Emploi à attribuer de préférence aux militaires originaires de la région dans laquelle la vacance est ouverte.	5/6	Indéterminé.	1.200 fr. Sans pension.

CATÉGORIE DES EMPLOIS.	EMPLOIS.	CATÉGORIES DE BLESSURES OU D'INFIRMITÉS COMPATIBLES AVEC L'EMPLOI RÉSERVÉ.
		Territoires mi
3ᵉ	Cavalier ou fantassin des bureaux des affaires indigènes.	V. (compatible avec l'emploi). — Y. — O..........
3ᵉ	Cavalier ou fantassin employé auprès des chefs indigènes.	V. (compatible avec l'emploi). — Y. — O..........
2ᵉ	Chaouch.....................	Cr. — V. — Y. — Cou (sauf aphonie). — Th. — Ab. — O. g. — D. — Ba.
1ʳᵉ	Khodja.....................	V. (compatible avec l'emploi)...................
1ʳᵉ	Khodja auxiliaire............	V. (compatible avec l'emploi)...................
1ʳᵉ	Taleb employé comme auxiliaire dans les écoles communales.	Cr. — V. — Y. — O. g. — Th. — D. — Ba. — C. J. (une).
2ᵉ	Collecteur de marché........	V. (compatible avec l'emploi). — Y. — O. — O. g. — Br. (un).
2ᵉ	Aide collecteur de marché....	V. (compatible avec l'emploi). — Y. — O. — O. g. — Br. (un).
2ᵉ	Collecteur d'abattoir..........	V. (compatible avec l'emploi). — Y. — O. — O. g. — Br. (un).

CONDITIONS SPÉCIALES D'ACCÈS. CONDITIONS D'APTITUDE ET MATIÈRES DES EXAMENS.	PROPOR-TION RÉSERVÉE.	NOMBRE ANNUEL de vacances probables.	TRAITEMENT OU SALAIRE. DROIT A PENSION. OBSERVATIONS.
litaires (*suite*).			
Savoir monter à cheval. Emploi à attribuer de préférence aux militaires originaires de la région dans laquelle la vacance est ouverte.	5/6	Indéterminé.	720 à 900 fr. Sans pension.
Savoir monter à cheval. Emploi à attribuer de préférence aux militaires originaires de la région dans laquelle la vacance est ouverte.	5/6	Indéterminé.	240 fr. Sans pension.
Emploi à attribuer de préférence aux militaires originaires de la région dans laquelle la vacance est ouverte.	5/6	Indéterminé.	600 à 1.200 fr. Peuvent verser pour la retraite.
Certificat constatant que le candidat possède l'aptitude technique nécessaire. Les connaissances exigées pour la délivrance de ce certificat seront déterminées par un arrêté interministériel. Emploi à attribuer de préférence aux originaires de la tribu dans laquelle la vacance est ouverte.	5/6	Indéterminé.	1.500 fr., 900 à 1.200 fr. Peuvent verser pour la pension.
Certificat constatant que le candidat possède l'aptitude technique nécessaire. Les connaissances exigées pour la délivrance de ce certificat seront déterminées par un arrêté interministériel. Emploi à attribuer de préférence aux originaires de la tribu dans laquelle la vacance est ouverte.	5/6	Indéterminé.	600 à 900 fr. Sans pension.
....	5/6	Indéterminé.	350 fr. Sans pension. Etant donné la modicité de la rétribution, il ne paraît pas nécessaire d'exiger un certificat d'aptitude. Les candidats devront être lettrés en arabe.
Savoir lire, écrire et compter en langue française et en langue arabe.	5/6	Indéterminé.	480 à 900 fr. Sans pension.
Savoir lire, écrire et compter en langue française et en langue arabe.	5/6	Indéterminé.	180 à 720 fr. Sans pension.
Savoir lire, écrire et compter en langue française et en langue arabe.	5/6	Indéterminé.	360 fr. Sans pension.

CATÉGORIE DES EMPLOIS.	EMPLOIS.	CATÉGORIES DE BLESSURES OU D'INFIRMITÉS COMPATIBLES AVEC L'EMPLOI RÉSERVÉ.
		Territoires mi
2°	Aide collecteur d'abattoir....	V. (compatible avec l'emploi). — Y. — O. — O. g. — Br. (un).
3°	Crieur public (dellal).........	Cr. — V. — Y. — Th. — Ab. — O. g. — D. — Ba.....
3°	Aide crieur public............	Cr. — V. — Y. — Th. — Ab. — O. g. — D. — Ba.....
3°	Infirmier indigène et auxiliaire infirmier indigène.	Y. — O...
3°	Agent de police indigène.. .	V. (compatible avec l'emploi).......................
3°	Cantonniers communaux.....	Cr. — V. — Y. — O. — Cou. — Th. — Ab. — O. g. — D. — Ba. — M. (une permettant la préhension, l'autre étant intacte). — P. (un permettant la marche, l'autre étant intact).
2°	Jardinier pépiniériste et. auxiliaire jardinier pépiniériste.	V. (compatible avec l'emploi). — Y. — O............
2°	Garde-champêtre.	V. (compatible avec l'emploi).......................
2°	Garde-forestier, garde de daïa	V. (compatible avec l'emploi).......................
2°	Garde-magasin et auxiliaire garde-magasin.	Cr. — V. — Y. — O. — Cou. — Th. — Ab. — O. g. — D. — Ba. — Br. — M. — C. J. — P.
3°	Gardien surveillant de points d'eau.	Cr. — V. — Y. — O. — Cou (sauf aphonie). — O. g.
3°	Gardien de citerne..........	Cr. — V. — Y. — O. — Cou. — Th. — Ab. — O. g. — D. — Ba. — M. (une permettant la préhension, l'autre étant intacte). — P. (un permettant la marche, l'autre étant intact).
3°	Gardien de puits............	Cr. — V. — Y. — O. — Cou. — Th. — Ab. — O. g. — D. — Ba. — M. (une permettant la préhension, l'autre étant intacte). — P. (un permettant la marche, l'autre étant intact).
3°	Gardien de routes, pistes, voies ferrées.	Cr. — V. — Y. — O. — Cou. — Th. — Ab. — O. g. — D. — Ba. — M. (une permettant la préhension, l'autre étant intacte). — P. (un permettant la marche, l'autre étant intact).
3°	Gardien de barrages et canaux, chantiers d'alfa.	Cr. — V. — Y. — O. — Cou (sauf aphonie). — O. g.

CONDITIONS SPÉCIALES D'ACCÈS. CONDITIONS D'APTITUDE ET MATIÈRES DES EXAMENS.	PROPORTION RÉSERVÉE.	NOMBRE ANNUEL de vacances probables.	TRAITEMENT OU SALAIRE. DROIT A PENSION. OBSERVATIONS.
litaires (*suite*).			
Savoir lire, écrire et compter en langue française et en langue arabe.	5/6	Indéterminé.	180 fr. Sans pension.
Aptitude physique suffisante.........	5/6	Indéterminé.	Emoluments variables. Pas de droit à pension.
Aptitude physique suffisante.........	5/6	Indéterminé.	Emoluments variables. Pas de droit à pension.
Bonne santé. Savoir parler et lire le français.	5/6	•Indéterminé.	120 à 720 fr. Pas de droit à pension.
Bonne santé. Notions du parler français.	5/6	Indéterminé.	600 fr. Pas de droit à pension.
Emploi à attribuer de préférence aux originaires de la région dans la quelle la vacance est ouverte.	5/6	Indéterminé.	600 à 900 fr. Pas de droit à pension.
Connaissances en horticulture......	5/6	Indéterminé.	720 à 960 fr. Pas de droit à pension.
Savoir écrire et signer en français..	5/6	Indéterminé.	270 fr. Pas de droit à pension.
Savoir écrire et signer en français..	5/6	Variable.	600 fr. Pas de droit à pension.
Savoir lire, écrire et compter en français.	5/6	Indéterminé.	480 fr. Sans pension.
Emploi à attribuer de préférence aux originaires de la région dans laquelle la vacance est ouverte.	5/6	Indéterminé-	720 fr. Sans pension.
Emploi à attribuer de préférence aux originaires de la région dans laquelle la vacance est ouverte.	5/6	Indéterminé.	240 à 480 fr. Sans pension.
Emploi à attribuer de préférence aux originaires de la région dans laquelle la vacance est ouverte.	5/6	Indéterminé.	240 à 480 fr. Sans pension.
Emploi à attribuer de préférence aux originaires de la région dans laquelle la vacance est ouverte.	5/6	Indéterminé.	180 à 360 fr. Sans pension.
Emploi à attribuer de préférence aux originaires de la région dans laquelle la vacance est ouverte.	5/6	Indéterminé.	900 fr. Sans pension.

CATÉGORIE DES EMPLOIS.	EMPLOIS.	CATÉGORIES DE BLESSURES OU D'INFIRMITÉS COMPATIBLES AVEC L'EMPLOI RÉSERVÉ.
		Territoires mi
3°	Garde des eaux...............	Cr. — V. — Y. — O. — Cou (sauf aphonie). — O. g.
3°	Gardien de bordj............	V. (compatible avec l'emploi)...........................
3°	Gardien de bâtiments communaux.	V. (compatible avec l'emploi). — Y. — O...........
3°	Gardien de jardins, de plantations.	V. (compatible avec l'emploi). — Y. — O...........
2°	Gardien de prison, de geôle municipale.	V. (compatible avec l'emploi)...........................
3°	Garde-nuit...................	V. (compatible avec l'emploi)...........................
3°	Gardien surveillant ou concierge d'infirmerie.	Cr. — V. — Y. — Cou (sauf aphonie). — Th. — Ab. — O. g. — D. — Ba.
3°	Gardien surveillant ou concierge de dispensaire.	Cr. — V. — Y. — Cou (sauf aphonie). — Th. — Ab. — O. g. — D. — Ba.
3°	Gardien surveillant ou concierge de cimetière.	Cr. — V. (compatible avec l'emploi). — Y. — O. — Th. — Ab. — O. g. — Ba. — Br. — M. (une intacte). — P. (un permettant la marche, l'autre étant intact).
2°	Surveillant de travaux de chantiers communaux.	Cr. — V. (compatible avec l'emploi). — O. — Cou (sauf aphonie). — Th. — Ab. — O. g. — D. — Ba. — M. (une permettant la préhension, l'autre étant intacte). — P. (un permettant la marche, l'autre étant intact).
3°	Ouvriers des ateliers communaux.	V. — Y. — O. — Cou. — Th. — M. — P. (un permettant la marche, l'autre étant intact). (Ces infirmités doivent être compatibles avec chacun des emplois spéciaux.)
3°	Employé du service d'alimentation en eau potable.	V. — Y. — O. — C. J. (une)...........................
3°	Allumeur municipal.............	Cr. — V. — Y. — O. — Cou (sauf aphonie). — O. g.

CONDITIONS SPÉCIALES — CONDITIONS ET MATIÈRES	PROPOR-TION RÉSERVÉE.	NOMBRE ANNUEL de vacances probables.	TRAITEMENT OU SALAIRE — DROIT À PENSION. — OBSERVATIONS.
…ence aux … dans la-litaires …verte.	5/6	Indéter-miné.	900 à 1.080 fr. Sans pension.
…érence aux Empl…n dans la-ori…uverte. q…	5/6	Indéter-miné.	240 à 360 fr. Sans pension.
F…	5/6	Indéter-miné.	120 fr. Sans pension.
…référence aux …gion dans la-st ouverte.	5/6	Indéter-miné.	360 fr. Sans pension.
…et compter en	5/6	Indéter-miné.	300 fr. Sans pension.
de préférence aux la région dans la-…cance est ouverte.	5/6	Indéter-miné.	360 à 480 fr. Sans pension.
	5/6	Indéter-miné.	360 fr. Sans pension.
	5/6	Indéter-miné.	120 fr. Sans pension.
Emploi à attribuer de préférence aux originaires de la région dans laquelle la vacance est ouverte.	5/6	Indéter-miné.	180 fr. Sans pension.
Savoir lire, écrire et compter en français.	5/6	Indéter-miné.	900 fr. Sans pension.
	5/6	Indéter-miné.	Varie d'après les usages locaux, 2 à 4 fr. par jour. Sans pension.
	5/6	Indéter-miné.	360 fr. Sans pension.
	5/6	Indéter-miné.	480 fr. Sans pension.

CATÉGORIE DES EMPLOIS.	EMPLOIS.	CATÉGORIES DE BLESSURES ET D'INFIRMITÉS COMPATIBLES AVEC L'EMPLOI
3e	Balayeur.	Cr. — V. — Y. — O. — Cou. — D. — Ba. — M. (une per[...] l'autre étant intacte). — P. (un [...] l'autre étant intact).
3e	Tireur d'eau.	V. (compatible avec l'emploi). — Y. [...]
3e	Conducteur de tramway.	V. (compatible avec l'emploi). — Y. — [...]
3e	Charretier.	V. (compatible avec l'emploi). — Y. — O [...]
3e	Conducteur d'équipage.	V. (compatible avec l'emploi). — Y. — O. . [...]
3e	Courrier à pied.	V. (compatible avec l'emploi). — Y. — O. . . . [...]
3e	Courrier à cheval. . . . . . . , . . .	V. (compatible avec l'emploi). — Y. — O. . . . . . . [...]
3e	Courrier à méhari.	V. (compatible avec l'emploi). — Y. — O. . . . .
3e	Muletier.	V. (compatible avec l'emploi). — Y. — O. . . . .
3e	Anier.	V. (compatible avec l'emploi). — Y. — O. . . . .
3e	Chamelier.	V. (compatible avec l'emploi). — Y. — O. . . . .

CONDITIONS SPÉCIALES D'ACCÈS. CONDITIONS D'APTITUDE ET MATIÈRES DES EXAMENS.	PROPOR- TION RÉSERVÉE.	NOMBRE ANNUEL de vacances probables.	TRAITEMENT OU SALAIRE. DROIT A PENSION. OBSERVATIONS.
litaires (*suite*).			
....	5/6	Indéter- miné.	360 fr. Sans pension.
....	5/6	Indéter- miné.	540 fr. Sans pension.
....	5/6	Indéter- miné.	900 à 1.080 fr. Sans pension.
....	5/6	Indéter- miné.	840 fr. Sans pension.
....	5/6	Indéter- miné.	840 fr. Sans pension.
Emploi à attribuer de préférence aux originaires de la région dans laquelle la vacance est ouverte.	5/6	Indéter- miné.	540 fr. Sans pension.
Savoir monter à cheval............	5/6	Indéter- miné.	540 fr. Sans pension.
Savoir monter à méhari............	5/6	Indéter- miné.	540 fr. Sans pension.
....	5/6	Indéter- miné.	540 fr. Sans pension.
....	5/6	Indéter- miné.	540 fr. Sans pension.
....	5/6	Indéter- miné.	540 fr. Sans pension.

VI.

Arrêtés interministériels relatifs à la délivrance des certificats d'aptitude professionnelle aux emplois de 1re et de 2e catégorie.

Les Ministres de l'intérieur et de la guerre,

Vu l'article 5 du décret du 19 septembre 1912, modifié par l'article 1er du décret du 11 janvier 1916 et par le décret du 19 décembre 1916;

Vu les instructions relatives à l'attribution des emplois aux anciens militaires indigènes;

Vu l'avis du gouverneur général de l'Algérie,

Arrêtent :

Art. 1er. Emploi rangé dans la 1re catégorie :

Khodja de sous-préfecture.

Les candidats à cet emploi subissent, devant la commission régionale prévue à l'article VI de l'instruction du 30 mars 1917, les épreuves écrites et orales indiquées dans le tableau ci-après qui mentionne, en outre, les coefficients à appliquer à ces épreuves et le temps accordé pour leur exécution :

ÉPREUVES.	COEFFICIENT à appliquer.	TEMPS accordé.
Epreuves écrites.		
1° Traduction en français d'un acte ou d'un rapport en arabe manuscrit....................	3	1 heure.
2° Traduction en langue arabe d'un rapport administratif rédigé en français...................	3	1 heure.
3° Dictée.................................	2	45 minutes.
4° Opérations sur les quatre règles d'arithmétique..................................	1	1 heure.
5° Une page d'écriture en français et en arabe...	1	30 minutes.
Epreuves orales.		
1° Notions sommaires sur l'organisation administrative de l'Algérie (administration centrale, départementale et communale)...............		
2° Fonctionnement des communes mixtes (commissions municipales) Djemaâs de douars. — Impôts arabes. — Sociétés indigènes de prévoyance. — Etat civil des indigènes. — Tribunaux répressifs. — Indigénat. — Police judiciaire	3	»

Les épreuves sont cotées de 0 à 10 (0 nul, 10 parfait).

Le certificat d'aptitude professionnelle n'est délivré qu'aux candidats qui ont obtenu au moins 60 p. 100 du nombre maximum des points que le candidat peut obtenir, soit 78 points.

Art. 2. Les examens ont lieu, aux dates fixées par le Ministre de la guerre, dans le courant de juin et dans le courant de décembre.

Les sujets de compositions sont adressés sous enveloppe cachetée, par le gouverneur général de l'Algérie, aux présidents des commissions régionales, au moins dix jours avant la date fixée pour les examens. Ces plis cachetés sont ouverts le jour de l'examen, en présence des candidats, par le président de la commission.

L'un des officiers et l'un des membres civils de la commission surveillent avec le plus grand soin les candidats pendant la durée des épreuves.

Toute manœuvre frauduleuse entre les candidats entraîne leur exclusion de l'examen.

Art. 3. Aussitôt après la clôture des examens, la commission régionale corrige et annote les épreuves et délivre, le cas échéant, le certificat d'aptitude professionnelle. Le dossier du candidat est transmis ensuite dans les conditions prévues par l'instruction du 30 mars 1917 (art. 7, § c).

Fait à Paris, le 11 avril 1917.

Le Ministre de la guerre,   *Le Ministre de l'intérieur,*
   Paul PAINLEVÉ.   MALVY.

Les Ministres de l'intérieur et de la guerre,

Vu l'article 5 du décret du 19 septembre 1912, modifié par l'article 1er du décret du 11 janvier 1916 et par le décret du 19 décembre 1916;

Vu les instructions relatives à l'attribution des emplois aux anciens militaires indigènes;

Vu l'avis du gouverneur général de l'Algérie,

Arrêtent :

Art. 1er. Emplois rangés dans la 1re catégorie :
Khodja de commune mixte;
Khodja auxiliaire des territoires de commandement.

.Les candidats à ces emplois subissent, devant la commission régionale prévue à l'article 6 de l'instruction du 30 mars 1917, les épreuves écrites indiquées dans le tableau ci-après qui mentionne, en outre, les coefficients à appliquer à ces épreuves et le temps accordé pour leur exécution :

ÉPREUVES.	COEFFICIENT à appliquer.	TEMPS accordé.
Epreuves écrites.		
1° Dictée..	1	45 minutes.
2° Deux problèmes usuels très simples.........	1	1 heure.
3° Une version usuelle...........................	(1) 2	45 minutes.
4° Un rapport de dix lignes rédigé en arabe sur un sujet donné	1	30 minutes.

(1) La version sera cotée : 1° au point de vue de la fidélité de la traduction (coefficient 1) ; 2° au point de vue de la rédaction de cette traduction (coefficient 1).

Les épreuves sont cotées de 0 à 10 (0 nul, 10 parfait).

Le certificat d'aptitude professionnelle n'est délivré qu'aux candidats qui ont obtenu au moins 60 p. 100 du nombre maximun des points que le candidat peut obtenir, soit 30 points.

Art. 2. Un des membres civils de la commission régionale qui sont choisis par le préfet sera désigné en raison de sa connaissance particulière de la langue arabe.

Art. 3. Les examens ont lieu aux dates fixées par le Ministre de la guerre, dans le courant de juin et dans le courant de décembre.

Les sujets de compositions sont adressés sous enveloppe cachetée, par le gouverneur général de l'Algérie, aux présidents des commissions régionales, au moins dix jours avant la date fixée pour les examens. Ces plis cachetés sont ouverts le jour de l'examen, en présence des candidats, par le président de la commission.

L'un des officiers et l'un des membres civils de la commission surveillent avec le plus grand soin les candidats pendant la durée des épreuves.

Toute manœuvre frauduleuse entre les candidats entraîne leur exclusion de l'examen.

Art. 4. Aussitôt après la clôture des examens, la commission régionale corrige et annote les épreuves et délivre, le cas échéant, le certificat d'aptitude professionnelle. Le dossier du candidat est transmis ensuite dans les conditions prévues par l'instruction du 30 mars 1917 (art. 7, § c).

Fait à Paris, le 11 avril 1917.

Le Ministre de l'intérieur,
MALVY.

Le Ministre de la guerre,
Paul PAINLEVÉ.

Les Ministres de l'intérieur et de la guerre,

Vu l'article 5 du décret du 19 septembre 1912, modifié par l'article 1er du décret du 11 janvier 1916 et par le décret du 19 décembre 1916;

Vu les instructions relatives à l'attribution des emplois aux anciens militaires indigènes;

Vu l'avis du gouverneur général de l'Algérie,

Arrêtent :

Art. 1er. Emploi rangé dans la 1re catégorie :

Commis de commune mixte.

Les candidats à cet emploi subissent, devant la commission régionale prévue à l'article 6 de l'instruction du 30 mars 1917, les épreuves écrites et orales indiquées dans le tableau ci-après qui mentionne, en outre, les coefficients à appliquer à ces épreuves et le temps accordé pour leur exécution :

ÉPREUVES.	COEFFICIENT à appliquer	TEMPS accordé.
Epreuves écrites.		
1° Dictée..	1	45 minutes.
2° Composition sur une question d'histoire ou de géographie de France ou d'Algérie.............	2	1 heure.
3° Deux problèmes d'arithmétique sur les 4 règles, les fractions ou le système métrique.....	2	1 heure.
Epreuve orale.		
Organisation administrative de l'Algérie, budget des communes, fonctionnement des communes mixtes......................................	2	»

Les épreuves sont cotées de 0 à 10 (0 nul, 10 parfait).

Le certificat d'aptitude professionnelle n'est délivré qu'aux candidats qui ont obtenu au moins 60 p. 100 du nombre maximum des points que le candidat peut obtenir, soit 42 points.

Art. 2. Les examens ont lieu, aux dates fixées par le Ministre de la guerre, dans le courant de juin et dans le courant de décembre.

Les sujets de compositions sont adressés sous enveloppe cachetée, par le gouverneur général de l'Algérie, aux présidents des commissions régionales, au moins dix jours avant la date fixée pour les examens. Ces plis cachetés sont ouverts le jour de l'examen, en présence des candidats, par le président de la commission.

L'un des officiers et l'un des membres civils de la commission surveillent avec le plus grand soin les candidats pendant la durée des épreuves.

Toute manœuvre frauduleuse entre les candidats entraîne leur exclusion de l'examen.

Art. 3. Aussitôt après la clôture des examens, la commission régionale corrige et annote les épreuves et délivre, le cas échéant, le certificat d'aptitude professionnelle. Le dossier du candidat est transmis ensuite dans les conditions prévues par l'instruction du 30 mars 1917 (art. 7, § c).

Fait à Paris, le 11 avril 1917.

Le Ministre de l'intérieur,
MALVY.

Le Ministre de la guerre,
Paul PAINLEVÉ.

Les Ministres de l'intérieur et de la guerre,

Vu l'article 5 du décret du 19 septembre 1912, modifié par l'article 1er du décret du 11 janvier 1916 et par le décret du 19 décembre 1916;

Vu les instructions relatives à l'attribution des emplois aux anciens militaires indigènes;

Vu l'avis du gouverneur général de l'Algérie,

Arrêtent :

Art. 1er. Emploi rangé dans la 1re catégorie :

Contrôleur administratif des services de vaccine, des épidémies et de désinfection.

Les candidats à cet emploi subissent devant la commission régionale, prévue à l'article 6 de l'instruction du 30 mars 1917, les épreuves écrites et orales indiquées dans le tableau ci-après qui mentionne en outre les coefficients à appliquer à ces épreuves et le temps accordé pour leur exécution :

ÉPREUVES.	COEFFICIENT à appliquer.	TEMPS accordé.
Épreuves écrites.		
1° Composition française sur un sujet concernant l'administration générale de l'Algérie.........	2	2 heures.
2° Rédaction sur un sujet se rapportant à la protection de la santé publique (Loi du 16 février 1902 et décret du 5 août 1908)	3	2 heures.
3° Problèmes d'arithmétique (quatre règles, fractions, proportions, système métrique, intérêts).	2	1 heure.
Épreuves orales.		
1° Géographie de l'Algérie	1	»
2° Notions d'hygiène et d'administration........	2	»
3° Organisation et fonctionnement des services de désinfection	3	»

Les épreuves sont cotées de 0 à 10 (0 nul, 10 parfait).

Le certificat d'aptitude professionnelle n'est délivré qu'aux candidats qui ont obtenu au moins 60 pour 100 du nombre maximum des points, soit 78 points.

Art. 2. Les examens ont lieu aux dates fixées par le Ministre de la guerre, dans le courant de juin et dans le courant de décembre.

Les sujets de composition sont adressés sous enveloppe cachetée par le gouverneur général de l'Algérie aux présidents des commissions régionales, au moins dix jours avant la date fixée pour les examens. Ces plis cachetés sont ouverts le jour de l'examen, en présence des candidats, par le président de la commission.

L'un des officiers et l'un des membres civils de la commission surveillent avec le plus grand soin les candidats pendant la durée des épreuves.

Toute manœuvre frauduleuse entre les candidats entraîne leur exclusion de l'examen.

Art. 3. Aussitôt après la clôture des examens, la commission régionale corrige et annote les épreuves et délivre, le cas échéant, le certificat d'aptitude professionnelle. Le dossier du candidat est transmis ensuite dans les conditions prévues par l'instruction du 30 mars 1917 (article 7, paragraphe C.)

Fait à Paris, le 20 juin 1917.

Le Ministre de la guerre,   *Le Ministre de l'intérieur,*
Paul PAINLEVÉ.   MALVY.

Les Ministres de l'intérieur et de la guerre,

Vu l'article 5 du décret du 19 septembre 1912 modifié par l'article 1er du décret du 11 janvier 1916 et par le décret du 19 décembre 1916;

Vu les instructions relatives à l'attribution des emplois aux anciens militaires indigènes;

Vu l'avis du gouverneur général de l'Algérie,

Arrêtent :

Art. 1er. Emplois rangés dans la 2e catégorie : mécanicien, chef de poste et secrétaire auxiliaire des services de la vaccine, des épidémies et de désinfection.

Les candidats à ces emplois subissent devant la commission de garnison, prévue à l'article 6 de l'instruction du 30 mars 1917, les épreuves écrites indiquées pour chacun de ces emplois dans le tableau ci-après qui mentionne en outre les différents coefficients à appliquer à ces épreuves et le temps accordé pour leur exécution :

ÉPREUVES.	COEFFICIENT à appliquer.	TEMPS accordé.
A. — *Pour l'emploi de mécanicien, chef de poste.*		
1° Dictée................................	2	45 minutes
2° Problèmes sur les quatre règles.............	2	1 heure.
3° Rapport sur un sujet se rapportant à la protection de la santé publique et au service de désinfection	3	2 heures.
B. — *Pour l'emploi de secrétaire auxiliaire.*		
1° Dictée...............................	2	45 minutes
2° Problèmes sur les quatre règles.............	2	1 heure.

Les candidats à l'emploi de mécanicien, chef de poste, doivent en outre produire un certificat constatant qu'ils possèdent les connaissances techniques nécessaires.

Les épreuves sont cotées de 0 à 10 (0 nul, 10 parfait).

Le certificat d'aptitude professionnelle n'est délivré qu'aux candidats qui ont obtenu au moins 60 pour 100 du nombre maximum des points que le candidat peut obtenir, soit 42 points pour l'emploi de mécanicien, chef de poste, et 24 points pour l'emploi de secrétaire auxiliaire.

Art. 2. Les examens ont lieu aux dates fixées par le Ministre de la guerre, dans le courant de juin et dans le courant de décembre.

Les sujets de composition sont adressés sous enveloppe cachetée par le gouverneur général de l'Algérie aux présidents des commissions de garnison, au moins dix jours avant la date fixée pour les examens. Ces plis cachetés sont ouverts le jour de l'examen, en présence des candidats, par le président de la commission.

L'un des officiers et l'un des membres civils de la commission surveillent avec le plus grand soin les candidats pendant la durée des épreuves.

Toute manœuvre frauduleuse entre les candidats entraîne leur exclusion de l'examen.

Art. 3. Aussitôt après la clôture des examens, la commission de garnison corrige et annote les épreuves et délivre, le cas échéant, le certificat d'aptitude professionnelle. Le dossier du candidat est transmis ensuite dans les conditions prévues par l'instruction du 30 mars 1917 (art. 7, paragraphe C).

Fait à Paris, le 20 juin 1917.

Le Ministre de la guerre,   *Le Ministre de l'intérieur,*
Paul PAINLEVÉ.   MALVY.

Les Ministres de l'intérieur et de la guerre,

Vu l'article 5 du décret du 19 septembre 1912 modifié par l'article 1er du décret du 11 janvier 1916 et par le décret du 19 décembre 1916;

Vu les instructions relatives à l'attribution des emplois aux anciens militaires indigènes;

Vu l'avis du gouverneur général de l'Algérie,

Arrêtent :

Art. 1er. Emplois rangés dans la 2e catégorie :

Commis auxiliaire, surveillant de section de discipline et préposé auxiliaire du service des enfants assistés.

Les candidats à ces emplois subissent devant la commission de garnison, prévue à l'article 6 de l'instruction du 30 mars 1917, les épreuves écrites indiquées pour chacun de ces emplois dans le tableau ci-après, qui mentionne en outre les différents coefficients à appliquer à ces épreuves et le temps accordé pour leur exécution.

ÉPREUVES.	COEFFICIENT à appliquer.	TEMPS accordé.
A. — *Pour l'emploi de commis auxiliaire.*		
1° Dictée....................................	2	45 minutes
2° Problèmes portant sur les quatre règles et les fractions....................................	2	1 heure.
3° Composition française sur des notions sommaires concernant les différents services de l'Assistance publique en Algérie...............	3	2 heures.
4° Tableau administratif à recopier...............	1	1 heure.
B. — *Pour l'emploi de surveillant de section de discipline.*		
1° Dictée....................................	2	45 minutes
2° Opérations sur les quatre règles..............	2	1 heure.
3° Rapport sur un fait concernant le service de la surveillance de la section de discipline....	3	2 heures.
C. — *Pour l'emploi de préposé auxiliaire.*		
1° Dictée....................................	2	
2° Opérations sur les quatre règles..............	2	1 heure.

Les épreuves sont cotées de 0 à 10 (0 nul, 10 parfait).

Le certificat d'aptitude professionnelle n'est délivré qu'aux candidats qui ont obtenu au moins 60 p. 100 du nombre maximum des points que le candidat peut obtenir, soit 48 points pour l'emploi de commis auxiliaire, 42 pour celui de surveillant de section de discipline et 24 pour celui de préposé auxiliaire.

Art. 2. Les examens ont lieu aux dates fixées par le Ministre de la guerre, dans le courant de juin et dans le courant de décembre.

Les sujets de composition sont adressés sous enveloppe cachetée par le gouverneur général de l'Algérie aux présidents des commissions de garnison, au moins dix jours avant la date fixée pour les examens. Ces plis cachetés sont ouverts le jour de l'examen, en présence des candidats, par le président de la commission.

L'un des officiers et l'un des membres civils de la commission surveillent avec le plus grand soin les candidats pendant la durée des épreuves.

Toute manœuvre frauduleuse entre les candidats entraîne leur exclusion de l'examen.

Art. 3. Aussitôt après la clôture des examens, la commission de garnison corrige et annote les épreuves et délivre, le cas échéant, le certificat d'aptitude professionnelle. Le dossier du candidat est transmis ensuite dans les conditions prévues par l'instruction du 30 mars 1917 (article 7, paragraphe C).

Fait à Paris, le 20 juin 1917.

Le Ministre de l'intérieur,
MALVY.

Le Ministre de la guerre,
Paul PAINLEVÉ.

TABLE MÉTHODIQUE.

TABLE CHRONOLOGIQUE.

TABLE ALPHABÉTIQUE.

A.

V.

Paris et Limoges. — Imprimerie militaire CHARLES-LAVAUZELLE.

Imprimerie militaire
Henri CHARLES-LAVAUZELLE
PARIS ET LIMOGES